"合肥市（教育）名师中学语文孙家来工作室"安徽省教育信息技术研究课题成果

翻 转 课 堂
与 高中语文教学

孙家来 ◎ 著

安徽师范大学出版社
ANHUI NORMAL UNIVERSITY PRESS

·芜湖·

图书在版编目(CIP)数据

翻转课堂与高中语文教学 / 孙家来著. —芜湖:安徽师范大学出版社,2023.10

ISBN 978-7-5676-6466-1

Ⅰ.①翻… Ⅱ.①孙… Ⅲ.①中学语文课—课堂教学—教学研究—高中 Ⅳ.①G633.302

中国国家版本馆CIP数据核字(2023)第194161号

翻转课堂与高中语文教学

孙家来◎著

责任编辑:赵传慧　　　　　　责任校对:李晴晴

装帧设计:王晴晴　姚　远　　责任印制:桑国磊

出版发行:安徽师范大学出版社

　　　　　芜湖市北京中路2号安徽师范大学赭山校区　邮政编码:241000

网　　址:http://www.ahnupress.com/

发 行 部:0553-3883578　5910327　5910310(传真)

印　　刷:苏州市古得堡数码印刷有限公司

版　　次:2023年10月第1版

印　　次:2023年10月第1次印刷

规　　格:700 mm × 1000 mm　1/16

印　　张:12.25

字　　数:192千字

书　　号:ISBN 978-7-5676-6466-1

定　　价:45.00元

凡发现图书有质量问题,请与我社联系(联系电话:0553-5910315)

序

　　21世纪，科技发展与教育发展相辅相成、齐头并进，日益成为有识之士的共识。伴随着信息技术尤其是大数据和人工智能在教育中的广泛运用，我国中小学语文教学的多个方面已经或正在发生巨大的变化。其中，学生如何学语文、教师怎样教语文则发生了最突出、最根本的变化。

　　面对世纪之变、教育之变和语文教学之变，我国一大批一线语文教育工作者顺应时代发展的要求，积极探索，扎根实践，勇立潮头。本书作者孙家来老师就是其中的一员。作为"庐江名师"和"合肥市（教育）名师中学语文孙家来工作室"领衔人，孙老师长期在一线开展语文教育信息化、语文学习科学化、语文教学设计技术化等实践活动，同时还结合安徽省教育科学规划2014年度三项改革专项课题"'翻转课堂'运用于高中语文教学的案例研究"和安徽省2018年教育信息技术研究课题"基于移动学习终端的高中语文翻转课堂研究"两个省级课题，展开有针对性的、系统的研究工作。本书就是作者将语文教学实践和语文教学研究相结合的产物。

正是因为本书来源于作者的亲身实践和扎实教研，所以，与同类著作相比，本书呈现出以下两个鲜明的特点：一是学理的系统性和严谨性。书中对翻转课堂、自主学习、微课等相关概念进行了全面深入的阐释或介绍，并结合高中语文课程和语文教学的实际对这些概念进行了创新性运用。从书中的这些内容可以看出，作者作为安徽省首批中学正高级语文教师，有着严谨的治学作风和深厚的专业理论知识素养，非常值得广大青年教师学习。二是案例的真实性和多样性。书中引用的语文教学案例，都是作者实践探索的结晶。这些教学案例包括作文课、复习课、阅读课等不同课型翻转课堂的实施，涉及中小学语文教学的诸多方面，包括在语文学科中进行微课设计的方法、策略，录制微课的具体操作，课堂教学的具体组织形式，语文教学中不同课型具体的操作模式以及对语文教师的要求等。尤为值得关注的是，书中着重介绍了作者语文教学实践与研究中的创新之处——线上翻转课堂的探索，概述了线上教学的发展情况、特点及现状，论述了线上翻转课堂的含义、实施路径以及具体操作模式等。这些鲜活的教学案例不仅践行了翻转课堂理论，而且拓展了翻转课堂的研究领域。

作为本书作者在安徽师范大学文学院攻读教育硕士时的导师，我与孙家来老师有着多年的合作与交往，有着共同的学术追求和相同的学术志趣，并结下了深厚的情谊。孙老师盛情邀请我为本书作序。我一开始有些为难，因为我对教育信息化问题缺乏研究基础，勉强为之大有忝在行家之列的感觉。经孙老师一再约请，我最终写下了以上文字。这些文字既是对本书的阅读心得，更是对作者一片盛情的回报，姑且作为本书的序。

何更生

2023 年 9 月 12 日凌晨

序
▲

前　言

在语文教学中，很多教师长期以来将讲授法奉为圭臬。讲授法作为使用时间最久的教学法，今天仍然是各科教学的主要方法。但如果只运用这一种教法，教师的教学生活未免太单调，这种教法也未必能受到学生的欢迎。

两轮新课程改革都十分关注教学方式的变革，笔者在教学中积极顺应形势，注重转变教学方式。从客观方面来说，一是人类的教育思想在不断进步，学习者在教育活动中的主体地位不断得到重视，自主学习、合作学习、探究学习成为时代发展的迫切需求；二是教育技术手段的不断革新，给教师的教学方式和学生的学习方式带来挑战，我们唯有与时俱进，才能顺应时代的发展。从主观方面来说，教师只有主动地尝试转变教学方式，才能使自己的教学活动充满活力、充满乐趣，才能促进自己的专业成长，才能使自己的职业之树常青；学生只有找到适合自己的学习方法，才会学得主动，学得有乐趣，学得有成效。

为此，笔者在教学中积极探索促进学生学习方式转变的方法。初步了解"翻转课堂"后，笔者就对其产生了极大的兴趣。它运用现代技术手段来引领教学方式的转变，成为笔者关注的焦点。这一新的教学方式能否在语文教学中加以运用呢？笔者积极实践，并申报了省级课题加以研究。当时只是进行案例研究，获得了认识上的一些突破，在结题时还是感觉意犹未尽，于是又申报了一项省级信息技术课题以进行更深入的研究。通过八年多的研究，课题组有了不少收获。在研究过程中课题组成员倾注了很多心血，如果仅仅以两项课题的结题为终点，总感觉有遗憾，遂决定写一本小书加以总结。

本书记录了在研究过程中通过查阅文献资料和网络资源所获得的与翻转课堂相关的教育理论，并对此进行了梳理；介绍了翻转课堂教学的主要范式以及这些范式给我们的启示；介绍了翻转课堂教学的技术支持——微课制作和学习平台搭建的相关知识和具体做法，以期让读者了解微课，学会设计微课，组织实施微课。书中也重点介绍了翻转课堂语文学科化的理论探索和具体实践，阐释了在语文学科中运用翻转课堂教学的理论依据，在语文教学中实施翻转课堂的好处，在语文学科中进行微课设计的方法、策略和录制微课的具体操作步骤，语文学科课堂教学的具体组织形式，语文教学中不同课型翻转课堂的具体操作模式以及对语文教师的要求。书中还选取了在作文课、复习课、阅读课等不同课型中实施翻转课堂的典型案例，展示在语文教学实践中翻转课堂运用的全过程，让读者对语文学科的翻转课堂有直观了解，并能加以借鉴。书中还介绍了笔者团队研究中的创新之处——线上翻转课堂的探索，以课题组老师们的教学实践为基础，向读者展示了这一新型教学方式的发展现状、发展方向和经典课例等。最后本书还介绍从事高中语文教学研究的一些经验，以期为读者提供借鉴。本书附录部分的"研究方案"，是我们成功申报课题的案例，可供读者申报科研课题时参考。本书虽名为《翻转课堂与高中语文教学》，但第一章、第二章、第五章，对于将翻转课堂运用于不同学科教学均有借鉴意义。

在语文教学中实现教学方式的转变任重道远，本书只是总结了我们将翻转课堂这一新的教学方式运用于高中语文教学的经验，期望给有志于语文教学研究的同仁以参考。随着现代教育研究越来越深入，国家对新课程改革越来越重视，新的教育理念会不断出现，教育技术会不断进步，我们应积极投身教育教学变革的潮流，做语文教学改革的实践者，做提升学生语文水平的促进者，做新时代中华语言文化的传播者。

孙家来

2023 年 6 月 10 日

目　录

翻转课堂与高中语文教学

第一章　翻转课堂概述

翻转课堂起源于美国，最早出现在大学里，且是在自然科学领域开展实践和研究的。它的出现与发展也就是近二三十年的事。

第一节　翻转课堂的发展综述

哈佛大学的埃里克·马祖尔是最早开展翻转课堂研究的人，研究的理论依据是其创立的"同伴教学法"。该理论认为学习共分两步，即知识的传递和知识的吸收内化。传统教学只注重知识的传递，而不注重学生对知识的消化吸收。在传统教学模式中，知识只是单向传导，而"同伴教学法"注重师生、生生间的交流，有助于学生对知识的吸收内化。在信息化条件下，知识容易传递，教师应更加侧重于指导学生合作学习，促进学生对知识的吸收内化。

J.韦斯利·贝克在2000年第十一届大学教学国际会议上提交的论文《课堂翻转：使用网络课程管理工具（让教师）成为身边的指导者》中提出了翻转课堂的模型，即教师使用网络工具和课堂管理系统以在线形式呈现教学内容，并通过网络将教学内容布置给学生学习，而在课堂教学过程中，教师也会深入地参与到学生的学习活动中去。

2000年秋，威斯康星大学在学校的一门计算机课程中进行了翻转课堂教学改革，通过教师讲解与PPT演示结合的录制视频来取代教师的现场授课。学生课前观看视频，课堂上与教师充分互动，一起解决学习中的问题，从而极大地提高了课程的应用性。

当这种新型教学模式在大学里展开时，它在中小学教育领域也"潜滋暗长"了。当时从事业余教育的对冲基金分析师萨尔曼·可汗在2004年为了辅导他表妹纳迪亚的数学作业，无意中将这种模式推广开。他一开始通过电话辅导纳迪亚，在这一过程中，他不断思考课程、学习方式、非智力因素（如兴趣、信心）等对学习者的影响，一步步提高被辅导者的成绩。随后他又辅导了近10名学生。为了提高效率，他编制软件指导学生练习，当学生在解答过程中遇到困难时，软件会显示得出正确答案的运算过程。再后来他又编制反馈软件以了解学生的答题情况。为了同时辅导更多的学生，他又将所有知识点整理制成知识结构网——"知识地图"，让学生"按图索骥"有序学习。在学生进入下一阶段学习前，他设置了检测题，让学生通过自我检测掌握学习进度。2006年，他学会了将自己的课程录制成视频发布到YouTube上，这样学生可以按照自己的时间计划观看视频。视频一经发布就有来自世界各地的许多学生在课余时间观看学习。于是，有些教师也开始将视频课程作为辅助教学工具，把宝贵的课堂时间用来为学生答疑解惑，而将之前家庭作业的一部分搬到了课堂，这样学生只需在家里完成学习的一小部分。2007年前后，可汗成立了"可汗学院"并进军校园，在"半岛桥"项目中取得成功。2009年他辞职专门从事教育事业，随着"可汗学院"的视频课程风靡全球，"翻转课堂"（the Flipped Classroom）这一概念逐渐成为主流。

"翻转课堂"被应用于高中课堂肇始于2007年，首次在美国科罗拉多州林地公园高中被运用。这所学校普遍存在的问题是：许多学生时常由于各种原因错过了正常的学校活动，且学生会把过多的时间花费在往返学校的巴士上，这样就导致很多学生由于缺课跟不上学习进度。在2007年春天，学校的化学教师乔纳森·伯格曼和亚伦·萨姆斯开始使用屏幕捕捉软件录制PPT演示文稿的播放和讲解声音。他们把实时讲解和PPT演示的视频上传到网络，以帮助缺席课堂的学生，而那时YouTube才刚刚开始发展。更具开创性的一步是，后来该校教师逐渐采用让学生在家看视频听讲解的方式，腾出更多的课堂时间来为在完成作业或做实验过程中有困难的学生提供帮助的教学模式。不久后，这些在线教学视频被更多的学生接受并应用了，也有更多教师开始利用在线视频在课外教授学生，而将课堂时间用于学生间的协作学习和概念掌握的练习。

之后，美国明尼苏达州斯蒂尔沃特市高地村小学、石桥小学和克林顿戴尔高中等学校也相继兴起了"翻转课堂"的风潮。2011年秋季，美国明尼苏达州斯蒂尔沃特834独立学区6个五年级班开始在数学课堂中尝试运用一种新的教学模式，以此替代教师每天在讲台前讲课，学生回家做作业的传统模式。这种模式表现为：教师们为每天的数学课准备7到12分钟的在线视频，学生须先在家看完这些视频教学，然后回到课堂上，学生在教师和同伴的帮助下完成作业并进行讨论。这就是在美国日渐流行的被称为"翻转课堂"的创新教学模式。加拿大、新加坡和澳大利亚等国的学校也陆续在政府的支持下加入"翻转课堂"研究和应用的行列中。

这一教学模式在我国一些地方应用和推广应该是近些年的事。由华东师范大学慕课中心主办的C20慕课中心"翻转课堂"已产生了很大的影响，这一模式也在不同的学科中开始得到探索运用。在我国基础教育中较早实施翻转课堂的有重庆聚奎中学和山东昌乐一中。聚奎中学从2011年开始实验，探索出"课前四步""课中五环"的翻转课堂基本模式："课前四步"——设计导学案、录制教学视频、学生自主学习、制订个别辅导计划；"课中五环"——合作探究、释疑拓展、练习巩固、自主纠错、反思总结。具体操作：教师使用电脑制作导学案、创建教学视频等，随后将这些学习资源上传到"校园云"教育平台；学生用自己手中的平板电脑下载导学案和教学视频，开始课前学习，并可通过平板电脑登录网络平台完成预习自测题；小组内互助解决个人独立学习时产生的问题，小组内不能解决的问题由组长记录后交给课代表，课代表整理好后上传至平台；教师在了解预习、学习情况的前提下，调整课堂教学进度并制订有针对性的课堂教学计划[①]。山东省昌乐一中自2013年9月开始实验，总结出了"二段四步十环节"的翻转课堂教学模式。"二段"指两个学习阶段，即"自学质疑"阶段和"训练展示"阶段；"四步"指教师课前准备的四个步骤，即课时规划、微课设计、两案编制、微课录制；"十环节"指两个学习阶段各五个学习环节，即目标导学、教材自学、微课助学、合作互学、在线测学，疑难突破、训练展示、合作提升、评价点拨、总结反思[②]。

安徽省教科院开展的"基于微课的翻转课堂项目研究"做了一些有效的研究。他们在研究微课、云平台和课堂教学三个"翻转课堂"构成要素的基础上，探索了家校翻转、校内翻转和课内翻转三种形式的翻转类型，在合作互动的形式下深层次落实课堂教学的释疑解惑、巩固知识、实验探究、归纳小结、强化练习等五项任务，总结出"翻转课堂"教学的多种模式。

第二节　翻转课堂的概念、实施步骤及本质

一、翻转课堂的概念

我们先介绍在翻转课堂实践中几位代表人物的两种论述。

乔纳森·伯格曼和亚伦·萨姆斯认为，翻转课堂技术的核心基于下面两个步骤：一是将直接的课堂演示（我们通常称之为"讲课"）从课堂集体空间中移走，这通常意味着学生在来学校上课之前，就要在家里观看和

---

① 张福涛,等.翻转课堂理论研究与实践探索[M].济南:山东友谊出版社,2014:26.
② 张福涛,等.翻转课堂理论研究与实践探索[M].济南:山东友谊出版社,2014:156.

熟悉课堂演示视频（翻转课堂视频），并与之互动；二是作为教师，可以赋予节省下来的时间以新的用途，利用它来复习学习过的概念、开展吸引学生的课堂活动，以及鼓励学生拓展高阶思维方式。

萨尔曼·可汗认为，这种教学模式是，学生按照自己的时间和进度来通过视频学习课程，教师不再给学生讲课，而是将宝贵的课堂时间用来为学生答疑解惑，也就是将家庭作业的一部分搬到了课堂上，而学生只需在家里完成部分学习。在这样的教学过程中，学生能够在遇到问题时及时得到教师和同学的帮助，及时发现困难并纠正理解上的错误，而教师也无需再对学生进行枯燥冗长的授课，反而能将更多精力用于帮助有困难的学生。学得快的学生可以帮助在学习中遇到困难的学生，教师还能在交流的过程中与学生建立感情，真实地了解学生的理解情况。因此，"翻转课堂"指的是让学生按照自己的学习进度在家中听课，然后在课堂上与教师和同学一起解决疑问。

因此，我们可以这样来定义：所谓翻转课堂，就是教师创建视频，上传至网络平台或终端，学生在家中或课外观看视频中教师的讲解，回到线下课堂上与教师面对面交流，解决疑难问题，拓展深化知识和完成作业的一种教学形态。

二、翻转课堂的实施步骤

根据林地公园高中的经验，结合我们的实践，笔者总结了以下的步骤。

1.创建微课视频

微课视频是进行翻转课堂教学的基础。教师在备课时，不仅要准备文字的教案，更要创建微课视频。视频来源可以有两条途径：一是网络资源，二是自己创建。教师可以网络上的微课视频作为参考，精心筛选优质的部分供自己的学生使用。但主要还要教师自己创建，教师一定要学会制作适合自己学生情况的微课视频。教师创建视频要做到以下三点：首先，应明确学生必须掌握的目标，以及视频最终需要表现的内容；其次，应考虑不同教师和班级的差异；最后，在制作过程中应考虑学生的想法，以适应不同学生的学习方法和习惯。

2.组织教学活动

有了微课视频，教师就可以进行翻转课堂的教学了。翻转课堂教学不能仅局限在课堂上，在课前、课中及课后等阶段教师都要进行指导。

第一，课前。在上课之前，教师在网络平台上发布录制好的微课视频，也可以上传导学案、任务单、学习辅助材料、检测试题，甚至可以上传一些网页的链接。学生在教师的指导下，可以自主地、有选择性地在课下观看微课视频。学生在自主学习的基础上，提出在学习中遇到的问题，教师可以直接通过网络平台与同学们进行交流或让学生在网络平台上给自己留言。

教师要根据学生在网络平台上反馈的自主学习的情况，特别要结合学生在自主学习中遇到的问题有针对性地备课，以便确定课堂教学内容，解决疑难问题。

第二，课中。在课中，要充分发挥学生学习的积极性和主动性，把课堂交给学生，可以让学生分组进行讨论、互动、交流、展示、合作与分享。学生在学习中遇到的问题可以通过小组讨论交流解决。如果有小组讨论交流不能解决的问题，教师可以在巡查的过程中给予回答。教师在课堂上，除了在巡查过程中帮助学生解决问题以外，还要根据学生在自主学习过程中遇到的问题，有针对性地讲解。教师在课堂上要做的是答疑、解惑、设疑、解疑、参与和组织。答疑、解惑就是根据学生学习中遇到的问题有针对性地进行答疑讲解，设疑就是根据学生在自主学习过程中反馈回来的问题，把知识引向深入。教师要参与到整个教学活动中去，引导学生学习，即由知识的传授者变为学生学习的指导者、参与者，由"演员"转变为"导演"。

最后教师要留出时间，让学生可以在课堂上讨论，做作业。在这期间，如果他们遇到不会做的题目，还可以随时向教师提问，和同学讨论研究。

第三，课后。学生在课后，还要对教师在课堂上讲授的知识进行反思、总结。课堂上没有完成的作业，课后还要继续完成。对于一些学习基础不太好的学生，教师还可以通过网络平台发布一些作业中的难题解析，来帮助学生完成作业。

三、翻转课堂的本质

教师运用现代信息技术将课堂知识学习前移至课前，让学生通过视频自主学习，让课堂成为学生解决学习问题、提高学习能力的主阵地，从而提高学生学习效率，这就是翻转课堂的本质。

1.通过改变学生学习方式，让学生学会自主学习

在翻转课堂上，学生利用教学视频，能根据自身情况来安排自己的学习。学生在课外看教师的视频讲解，可以在较为轻松的氛围中进行，而不必像在课堂上教师集体教学时那样紧绷神经，担心遗漏什么，或因为分心而跟不上教学节奏。学生观看视频的节奏全在自己的掌握中，懂了的内容可快进跳过，没懂的可倒退反复观看，也可停下来仔细思考或记笔记，还可以通过聊天软件向教师和同伴寻求帮助。

2.通过转变课堂教学方式，让师生教学时空转换

翻转课堂，将教学过程进行时空转换，将传统课堂直接的知识讲授转移到课堂外，将传统教学中学生课后独立的练习或遇到的问题转移到课堂内。教师将新知识的教授通过视频录制的形式进行前置教学，同时，学生利用教学视频，课前能进行自主学习学会新的知识，将学习中不懂的问题通过网络平台及时反馈给教师。教师则根据学生提出的问题备课，确定教学内容，设计教学环节。这样，课堂教学就可以以师生的互动为主要教学形式开展，合作学习、探究学习就能得以实现。

3.通过改变课堂教学目标，来发展学生的能力

知识讲授前置，可以让学生自主学习知识，带着不理解的知识，或对知识学习中的疑虑进入课堂，答疑解惑、解决问题成了课堂学习的主要环节。教师根据学生提出的问题，进行有针对性的训练，课堂教学成为学生发展能力的主要途径。通过师生共同讨论，激发学生学习的兴趣，让学生成为课堂的主人，这样，课堂教学就能成为激发学生学习热情的引擎。

第三节　翻转课堂的理论基础和技术条件

一、精熟教学法

萨尔曼·可汗认为，精熟教学法作为一个重要的教育理念对他的教学影响很大。从根本上说，精熟教学法实际上是指学生在进入更高难度的学习阶段之前，应充分理解之前所学习的概念。下面我们来对这一理念发展的历史和本质作一了解。

1.精熟教学法的应用历史

1919年，一位激进的教育家卡尔顿·沃什伯恩被任命为伊利诺伊州芝加哥市郊温内特卡镇的学校负责人。1922年，沃什伯恩在温内特卡镇的学校采用了新的教学形式，也就是为大众所熟知的温内特卡计划（Winnetka Plan）。这一计划的核心就是精熟教学法。这种教育理念在当时颇为激进。首先，它坚信，只要教学条件能够满足学生的需要，所有学生就都能掌握知识，任何学生都不会掉队或成绩不佳；其次，在精熟教学法中，每节课并不是按照时间来划分的，而是根据理解程度和成绩来确定的。它完全颠覆了传统的教育理念。在传统的教育体制中，师生需要在固定的课时内完成对某个主题或概念的讨论，只要时间一到，师生就必须进入下个话题或概念。这种教育方式忽略了这样一个事实：每个学生对材料的掌握程度都

是不一样的。沃什伯恩提出的教育体制则帮助学生按照个人节奏实现了对知识的同等水平的掌握。学得快的学生可以做一些巩固练习，而学得慢的学生可以通过单独辅导、寻求同龄人的帮助或者完成额外的家庭作业的方式来赶上进度①。

20世纪20年代，温内特卡计划受到了极大关注，在此情况下，用于满足自学需求的教学参考书供不应求。卡尔顿·沃什伯恩成了当时教育领域内的杰出人物，被任命为美国进步教育协会会长，并进入了美国纽约城市大学布鲁克林学院任职。

其后这种教学法逐渐被人们淡忘，原因主要有以下几个方面：第一，是经济因素，推行这种教学法需要大量的资金。第二，教师的再培训问题。精熟教学法需要教师掌握多种不同的技术和技能，所以除了经济因素，教师和管理人员的主动性和灵活性也不可或缺。第三，20世纪20年代的人们懒于尝试，甚至排斥新潮思想是将精熟教学法扼杀在摇篮里的主要原因。

20世纪60年代，这一理念再次进入了人们的视野，只不过这一次，发展心理学家本杰明·布鲁姆和他的一位优秀学生詹姆斯·布洛克提出的新的教育理论对精熟教学法做了些许改变。布鲁姆和布洛克建议改进考试模式，并指出了反馈在教育过程中的重要意义，这一理论的基本原则实际上是对温内特卡计划的沿袭。这一理论认为，学生应按照自己的节奏学习，在掌握了需要掌握的概念后再进入下一个阶段的学习。而教师的角色也有所改变，他们一改之前在课堂上的滔滔不绝，在这种教育方式中主要承担的是指导的工作。这种教育理论还鼓励同龄人之间积极开展互动，这种互动不仅能够让他们在学业上获益，还能帮助他们塑造自己的性格。在这样的学习环境中，有的学生或许会感到很吃力，但没有一名学生会落后。

此后，精熟教学法的教学技巧就被应用于美国的各种试点项目中。在一项又一项研究中，与传统的教育模式相比，精熟教学法总能表现出显著优势。

---

① 萨尔曼·可汗.翻转课堂的可汗学院：互联时代的教育革命[M].刘婧,译.杭州：浙江人民出版社,2014:20—21.

同时，由于科学技术的发展，从根本上降低了采用精熟教学法所需的成本。教师无需印制教学参考书，也无需花高价定制学生个人的练习簿，只需要一台计算机，就可以让学生根据自己的学习节奏制定个人的学习方案。而将这些资料传递给学生的成本很低。

2.精熟教学法的本质

精熟教学法对学生的学习能力持有乐观的态度。它坚信，只要教学条件能够满足学生的需要，那么所有学生就都能掌握知识，任何学生都不会掉队或成绩不佳。在教育中，常量应该是学生对知识和概念的高水平理解，而变量才是学生为理解问题所花费的时间。

除了上述的强调个人在学习过程中差异和主动学习的重要性之外，它还强调知识间的联系和学习的循序渐进。它认为，知识点是层层递进的，每个知识点的核心概念都会为下一个知识点的学习奠定基础，对前一个知识点不理解或者产生误解会给学生接下来的学习带来障碍。因此，学生在进入更高难度的学习阶段之前，应充分理解之前所学习的概念。

它主张教师的作用在于对学生学习的指导。教学不只是教师对学生进行知识的讲授，教师的重要性更在于指导学生掌握学习方法，为学生的学习提供资源，指明学生获取知识的途径。

同时，它也关注教学成本，强调信息技术对学生学习的改变。电脑、互联网等信息技术的发展，不仅降低了学习所需要的成本，也改变了学生的学习方式，为学生的主动学习提供了机会和选择。

它主张教学与个人间的责任。精熟教学法认为，教学和个人责任之间是相互关联的，为教育承担责任，实际上就是指教师教书育人；为学习承担责任，实际上就是指学生学习知识。从学生的角度来讲，只有承担了责任，才能真正地进入学习的过程。接受精熟教学法的学生对他们自己的学习情况更加负责。

可汗学院抓住机会采用了精熟教学法，并前所未有地获得了良好的收益。

二、布鲁姆的掌握学习理论

英雄所见略同。乔纳森·伯格曼和亚伦·萨姆斯也认为，翻转课堂教学模式并非源自新的教育理论，其采用的仍然是我们所熟悉的掌握学习理论，掌握学习理论实际上是对精熟教学法的继承和发展。

1.掌握学习理论产生的背景

20世纪50年代，苏联发射了世界上第一颗人造地球卫星，美国人意识到自身的国际竞争力下降，经过反思他们意识到问题的关键在于教育。因此，美国联邦政府于1958年颁布了《国防教育法》，强调"天才"教育，加速培养少数"天才学生"；加强数学、自然科学和外语这三类课程的教学，强调科学教育内容和手段的现代化。同这一法案相呼应的是以布鲁纳为代表的结构主义课程改革。他们主张课程应反映各门学科的基本结构，强调课程的理论化、抽象化。但这场教育改革没有取得预期的效果，因为"天才"教育只适用于少数有才能儿童的学习需要，而忽视了大多数学生的学习状况。由于过分增加了课程的抽象理论而忽视了应用知识和基本技能的训练，理论脱离了实际，造就了一大批"差生"，而"差生"的大量涌现成为社会关注的焦点。

20世纪60年代中期，美国各界人士对20世纪50年代末期的教育改革提出了尖锐的批评，"回归基础运动"席卷全美国，如何大范围提高教学质量，尽量减少中途退学人数，成为当时美国社会十分关注并亟待解决的问题。美国发展心理学家本杰明·布鲁姆和詹姆斯·布洛克及他们的同事正是在这种社会背景下，立足于现实，以现行的班级教学为前提，吸收个别化教学中的长处来改进教学过程，力图使每个学生都能掌握学校应教的东西。他们对美国中小学的教育现状进行了深入广泛的研究，并进行了长期的教学实验，创立了"掌握学习"理论。

2.掌握学习理论的基本含义

布鲁姆在《为掌握而评价》《人类的特性与学校的学习》等著作中系统地阐述了掌握学习理论的基本含义。他说，所谓"掌握学习"，是指以班级教学为基础，辅之以及时的反馈——矫正环节，为学生提供充足的学习时间和个别帮助，使学生掌握一个单元后，再进行下一单元较高级的学习，从而使学生掌握课程目标所规定的内容。

布鲁姆的学生布洛克认为掌握学习理论包含两层意思。首先，它是一种教和学的乐观主义理论。布鲁姆在《为掌握而评价》一书中指出，有些教师对学生抱有成见，认为大约三分之一的学生将完全学会所教的事物，另外三分之一的学生将学会所教的许多事物，但还算不上好学生，剩余三分之一的学生将不及格或勉强及格。他认为，这种想法是当今教育系统中最浪费、最有破坏性的一面，它压抑了师生的抱负水平，也削弱了学生的学习动机。布鲁姆通过大量的实验研究证实，大约5%的学生能力倾向居于分布的上位，大约有5%的学生能力倾向居于分布的下位，成为跟不上学习进度的"差生"，90%的学生学习成绩的差异，只不过是学习速度的差异，而不是智能的差异。只要教师在教学过程中向学生提供足够的学习时间和适当的帮助，95%以上的学生都能掌握教材中规定的科学文化基础知识，取得优异的成绩。因此，掌握学习理论的倡导者极力主张，教师应当帮助"笨"学生像"聪明"学生那样学习，进而使他们取得优异的学习成绩。

其次，它是一套有效的个别化教学实践，能帮助绝大多数学生很好地进行学习。布鲁姆指出"掌握学习"不是一种具体的教学方法，而是一种有效的教学策略。它的核心思想是，许多学生在学习过程中没有取得优异成绩的主要原因不在智力方面，而在于教师并没有期待他们去掌握，在于教师课程设计的不完善和提供给他们的学习时间不充足，以及教师没有给予符合他们特点的个别帮助。布鲁姆认为，在教学过程中如果教师系统地进行教学，学生在遇到困难时得到了及时的帮助，对于知识掌握有明确准则，且有充足的时间去吸收，那么所有的学生都能基本掌握他们在学校所学的大多知识，并取得优异的成绩。布鲁姆还指出，和其他个别化教学方法不同，掌握学习理论的策略和方法是在一般的课堂教学情景中应用的，教学主要依赖教师和学生的努力去获得成功，并非依赖教学机器和其他现代技术手段。教师在课堂教学中要自己控制教学进度，针对学生学习中存在的问题及时提供帮助，学生则需要独立地安排自己的学习，帮助和指导同伴的学习。

3.掌握学习理论的贡献

第一，掌握学习理论强调学生按他们自己的节奏学习课程。为此，必须让每个学生都有充足的学习时间。布鲁姆主张，如果有充足的学习时间，那么绝大多数的学生都能够达到要求的标准。学生有充足的时间去学习，无论能力倾向如何，学习速度快慢，都可以在自己的学习节奏中完成学习任务，获得良好成绩。教学的艺术在于让学生花费合适的时间就可以掌握学习内容。

第二，掌握学习理论关注学生的个别差异。在制定学习目标时，教师充分考虑学生原本存在的个体差异。教师应为不同的学生选择不同的学习材料，采用不同的教学方法，给予个别化的指导和帮助，协助学生纠正错误，达成学习目标。

第三，掌握学习理论强调知识间的联系。在学习新的知识之前，学生必须拥有相应的知识储备。布鲁姆认为，在掌握学习的过程中，应该注意把握三个重要变量，即学生的认知准备状态（学生为了完成新的学习任务需要具备的知识和技能的水平）、情感准备状态（学生趋向学习的动机强度）、教学质量（教学适合学生的程度）。具体来说，首先，学生的认知准备状态方面，需要关注学生进行学习之前已具备的知识和技能水平的差异；其次，学生之前的经历和学生对学习结果的期望都会影响学习任务的完成情况；最后，教学质量涵盖教师如何提供学习线索或者指导、学生参与学习的程度、教师如何强化学生学习三个方面。

第四，掌握学习理论提出了反馈在教育过程中的重要意义。为了检查学生学习新知前的知识准备状况，要对学生采用反馈手段。反馈通常采取形成性检测的方式，可揭示学生在学习中存在的问题。当他们完成一个单元的学习后，他们必须以80%至100%的掌握程度证明他们已学到了内容。检测学生是否已经掌握了学习内容的方法是"退出评估"（包括实验室和书面测试）。如果学生在这些退出评估中得分率低于85%，他们必须回去重新学习他们没有掌握的概念，并再次参加考试。学生的成绩不再是由预想的比例决定，而是由他们已经掌握的学习内容的多少来决定。

4.掌握学习理论的积极意义

布鲁姆的掌握学习理论有助于全体学生实现学习目标。掌握学习理论强调面向全体学生，不希望任何一个学生在学习过程中完成不了应完成的学习任务，同时也强调满足每个学生的学习需要。

掌握学习理论对学生的心理健康也有积极作用。在掌握学习过程中，教师对每个学生都持有积极的态度，相信每个学生都能够学好。教师对学生的学习能力充满信心，学生也因为教师的期望而获得自信，慢慢激发自己学习的内部动机，从而获得学习上的成功。在整个学习过程中，学生对学习内容产生兴趣，并能享受到学习的快乐，在学习中获得成就感和幸福感，学生的自我观念也能获得更深层次发展。

掌握学习理论也主张师生之间的交流和学生之间的合作。在掌握学习中，教师与学生之间的交流与讨论增多，师生情感更深；学生之间互帮互助，培养了合作精神，增进了生生关系[①]。

三、人本主义学习理论

人本主义学习理论可以追溯到罗杰斯"以学生为中心"的教学和学习思想，这一理论兴起于20世纪50年代到60年代的美国，在20世纪70年代到80年代得到迅速发展。

① 张福涛,等.翻转课堂理论研究与实践探索[M].济南:山东友谊出版社,2014:38-39.

1.人本主义基本理论

人本主义心理学代表人物罗杰斯认为，人类具有天生的学习愿望和潜能，这是一种值得信赖的心理倾向，它们可以在合适的条件下被释放出来。当学生了解到学习内容与自身需要相关时，学习的积极性最容易被激发出来，他们在一种具有心理安全感的环境下可以更好地学习。罗杰斯认为，教师的任务不是教学生知识，也不是教学生如何学习知识，而是要为学生提供学习的手段，至于应当如何学习则由学生自己决定。教师所扮演的角色应当是学生学习的"促进者"。

2.人本主义教学观

罗杰斯认为，教学的目的在于培养"全面发展的人"。他归纳出传统教学的弊端：第一，教师只是教授知识，学生只是接受知识的容器；第二，讲演、教科书及其他语言教学手段是传授知识的工具，单调枯燥；第三，教师是权利的拥有者，学生只是服从；第四，权威人物制定的规则是教学不可改变的政策；第五，缺乏信任，教师对学生不相信；第六，学生一直处于恐惧状态；第七，民主及其价值受到忽视，并在实践中遭到破坏，学生不能参与选择教学目标、课程和教学方法，这些都是别人为学生决定的；第八，教学中只有智力而无完整的人，学生的好奇心和兴趣都被扼杀了。

在批判传统教学弊端的基础上，罗杰斯提出了自己的教学观。他主张以学生为中心组织教学，促进学生自我学习、自我实现，培养学生的独立性、自主性和创造性。他强调情意教学，和谐师生感情，创造丰富多彩的教学情境，促进学生身心的全面发展。

罗杰斯以学生为中心的教学要点有如下九个方面：①先决条件是树立以人为中心的教学观，对人的能力有充分的信心，把人视为可信赖的有机体，置学生于教学主体的地位。②教师与学生共同承担学习的责任，制订课程计划，确定管理与操作的方式、资金、决策等。教师在其中扮演参谋、咨询者的角色，而不是像长官那样对学生指手画脚、发号施令。③教师提供学习的资料，包括教师的经验以及书籍、材料等，鼓励学生对教师的经验和书本知识进行补充、更正、创新等。④学生独立或与他人合作制订自己的学习计划，按自己的兴趣选择学习方向和程序。⑤教师创造促进学习的气氛或情境，形成良好的班风和校风，把学生置于被关心、理解和信任的情境中，激发他们自觉主动地学习。⑥把注意力放在促进连续的学习过程上，让学习的内容屈居第二位。因此，衡量一个课程完成的标准不是看学生该学的内容是否学完了，而是看他是否学会了，是否在学习上获得了应有的进步。⑦在教学纪律上，用学生的自律代替他律，让学生自己管理自己、自己约束自己。⑧采用学生自我评价的办法来代替外来的评价。⑨在这种促进生长的教学中，使学生的经验、个性、创造力不断得到发展。

罗杰斯认为，教学方法就是促进学生学习的方法。教师要教好学生，必须有适当的教学方法。这些方法包括四方面：第一，组织好教材。组织教材的目的是使教学内容适合学生的知识水平、学习兴趣和特长，便于学生自己学习。第二，要善于辅导。教师不应直接一味地去讲解，而应为学生提供有效的咨询和辅导。辅导的艺术在于适当和启发，适当就是在学生需要时才去辅导，帮其所需；启发就是启迪学生自己去发现、去创造。教师可以提供方法或途径帮助学生解决问题。第三，提供必要的学习材料，包括书、参考资料、实验工具、教具等。第四，创造一切条件，让学生自己学习[1]。

3. 人本主义学习理论的贡献

（1）重视学习者的内心世界

人本主义学习理论重视对学生在教学过程中的认知、情感、兴趣、动机、潜在智能等内部心理世界的研究，主张教师设身处地为学生着想，使学生感受到学习的乐趣，从而全身心地投入学习。人本主义学习理论不主张学生的行为依赖于现在或过去的环境，而认为学生的自我实现和创造能力才是影响他们行为的决定因素，个人所处的物质、社会和文化环境只能促进或阻碍学生的潜能的开发。总之，人本主义学习理论重视教育者对学

① 庞维国.自主学习:学与教的原理和策略[M].上海:华东师范大学出版社,2003:31-32.

生心理世界的了解，以满足学生的兴趣、需要，结合学生的经验以及个体差异等，达到开发学生的潜能，引起其认知与情感共识的目的。另外，这一理论也重视创造能力、认知、动机、情感等心理因素对行为的制约作用。

（2）对学生的本质持积极乐观的态度

人本主义心理学家认为，人类能否适应当代加速变化的世界，解决种种社会矛盾的一个决定因素是能否教育好一代新人。他们反对那种强制学生适应学校、只重视智育不重视个人全面发展的传统教育目标，提倡教育目标应该是激发学生个人的创造性，让学生实现自己的人生价值，是培养积极向上、能够适应时代变化的心理健康的人。为了实现这种教育目标，教师应当充分地尊重、了解与理解学生，创设自由、宽松、快乐的学习气氛，激发学生的学习积极性，从而促进学生的成长。

（3）对教师的态度定势与教学风格的重视

人本主义心理学家在重视学生个别差异与自我概念的同时也重视师生关系、课堂气氛及群体动力的作用，特别是鼓励教师重视那些涉及人际关系与感情的问题，并深入研究学生自我概念与自我尊重、气氛因素及学生对新的学习知觉方式的调节、学习能力的获得、持续学习等方面的问题，促使教师从学生的外在行为理解其内在的动因，促使教师在深入理解讲课内容及讲授知识的过程中，更好地了解自己。

四、教育技术

20世纪50年代以来，随着电化媒体、多媒体技术的发展，教育技术不断多样化，这不仅改变了人们的学习方式，让人们逐渐学会了自主学习，也改变了教育教学的模式，给传统的课堂教学模式带来了挑战。技术辅助的个性化教学模式先后经历了程序教学、视听教学和计算机辅助教学三个阶段。

20世纪五六十年代，斯金纳倡导的程序教学采用了教学机器，给予了学生自定步速、独立学习的机会，在一定程度上促进了学生的自主学习。

20世纪60年代由美国普渡大学波斯尔思韦特开发的视听教学，借助电化媒体来开展个别化教学。它通过录音磁带为学生提供听觉辅导，同时辅以单元目标、解说性的材料、实验手册以及其他适合的视听教材。每个学生可以在学习中心分隔的小间内，根据自己的需要自定步速、自选时间进行学习，这样无论从内容还是时间上看，学生学习的自主性都能得到进一步提升。后来，视听教学发展成广播电视教学，即借助电视和广播媒体，让学生可以在远离教学中心的地点自发地学习有关的课程和教材。

21世纪以来，网络技术、多媒体技术在教学中的应用日益普及，教学内容日趋网络化，计算机辅助教学的地位越来越重要，翻转课堂的教学模式也应运而生。网络技术越来越发达，信息传输的速度越来越快，获取信息的方式越来越简单；网络终端的多样化使人们获取信息的渠道更便捷，学习的方式更灵活；网络平台的搭建，使学习者获取学习资源、互动交流成为可能；智能手机的应用，各种录播软件的开发，使录制微课的技术手段更加便利和多样。这些都为翻转课堂的推广应用提供了技术的支持。

第四节　翻转课堂的典型范式及其启示

随着翻转课堂的实践者越来越多，一些特色典型范式浮出水面。这里归纳了五种模型，希望能给后来者以借鉴和参考。

一、林地公园高中模型

美国林地公园高中率先在K12学校实践创立了经典的翻转课堂模式：把观看在线教学讲座视频作为家庭作业，把本该是家庭作业的练习题放到课堂上完成。当发现部分学生没有电脑或无法上网时，他们为这部分学生准备了DVD，让学生回家在电视机上观看。而课堂上除了练习外，还加入了探究活动和实验室任务。

启示：对知识的学习以视频讲授的方式呈现于学生的课前学习阶段，

课堂用于完成知识的迁移训练。

二、可汉学院模型

可汉学院与美国加州洛斯拉图斯学区合作，利用其广受欢迎的教学视频和其开发的课堂练习系统进行翻转课堂实践。其中最大的亮点是：课堂练习系统能快速捕捉到学生被问题卡住的时刻，教师也能及时对学生施以援手；同时还引入了游戏化学习机制，对学业表现好的学生给予徽章奖励。

启示：智慧课堂环境下的翻转课堂，事先要开发大量的题库和软件系统。课堂上运用平板协助学习，可以及时反馈学生的学习情况，便于教师提供及时指导。

三、河畔联合学区模型

美国加州河畔联合学区的翻转课堂最大的特点是采用了数字化互动教材。这套用于试验的代数I的互动教材，融合了丰富的媒体材料，包括文本、图片、3D动画和视频等，还开发了记笔记、交流与分享功能。与其他地区教师自备视频和教学材料的翻转课堂相比，互动教材更能节省教师的时间，更能吸引学生沉浸其中。类似的还有KIPP学院。

启示：翻转课堂课前的学习材料不应局限于视频，还要拓展学生的学习资源，特别是文科方面的学习资源。

四、哈佛大学模型

埃里克·马祖尔博士提出并实践了翻转学习和同侪互助教学方法的结合模式，其要点是：学生在课前，通过看视频、听播客、阅读文章或调动自己原有知识思考问题来为课堂做准备，然后整理所学到的知识，总结在解答问题过程中不懂的地方。接下来，学生登录社交网站，发表他们的提问。而教师则要对各种问题进行组织整理，有针对性地开发教学设计和课堂学习材料，不准备学生已经明白的内容。在课堂上，教师采用苏格拉底式的教学方法，让学生提出质疑和难点，并相互协作共同回答质疑或解决难题。教师的作用是聆听对话和参与到有需要的个人和小组讨论中。

启示：注重课前学习的师生互动，注重学生课前学习的反馈，课堂开展要基于问题的解决。

五、斯坦福大学模型

斯坦福大学进行的翻转课堂的实验认为，仅仅把讲座视频搬到网上就跟传统课堂一样乏味，因此每15分钟左右，在线讲座就会弹出一个小测验以检验学生掌握的情况。此外，斯坦福大学还在实验中增加了社交媒体的元素，允许学生之间互相提问。结果显示，在实验中学生之间的回答非常快。这种"共同学习"的模式非常有效。

启示：翻转课堂要注重师生互动，线上学习要注重生生互动。

第五节　翻转课堂的意义

一、让学生能够进行个性化的学习

翻转课堂为学生提供了个性化的学习机会，学生可以根据自己的学习能力来决定自己的学习速度，根据自己的需要自主选择学习内容。

每个学生的学习能力和兴趣都不同。虽然我们很早就认识到这一点，但传统课堂无法真正做到分层教学。翻转课堂承认了学生的不同，并能真正实现分层教学。每个学生可以按自己的速度来学习，学习速度快的学生可以用较短的时间学会，速度慢的学生则可以通过暂停、倒带、重放讲座视频来反复学习，并寻求教师的帮助，直到听懂为止。

初期的翻转课堂仍然要求学生在同一天晚上看完同一个视频，回到课堂完成同样的活动或作业。而随着翻转课堂研究的深入，这种统一要求的模式将得到改革。教师可以提供相关的学习链接、学习材料等，允许学生按照自己的学习情况选择学习内容，安排他们自己的学习和完成与能力匹配的作业。

二、让师生互动更充分

翻转课堂最大的好处就是全面增加了课堂的互动频率，因为知识内容的讲解、演示已经移到课堂之外，很少会占用到课堂时间，这就为教师赢得了与学生互动的时间，为他们帮助学生提供了机会。

由于教师的角色已经从内容的呈现者转变为学习的指导者，这就让教师有时间与学生交谈，回答学生的问题，参与到学习小组中去，对每个学生进行个别指导。当学生完成作业时，如果注意到部分学生为相同的问题所困扰，教师就可以为这部分学生成立辅导小组，为他们提供及时的指导。

当教师更多地成为指导者而非内容的传递者时，就会有更多机会观察到学生之间的互动。在教师忙于与某部分同学对话时，其他学生也可以发展自己的合作小组。学生间可互相帮助学习，相互学习和借鉴，教师不再是知识的唯一传播者。

三、让师生情感更深厚

教师更了解学生了。一个好的教师总能与学生建立良好的关系。师生课前的学习反馈与在线交流，课堂上的讨论与互动，让师生交流互动的时间和频率增多了，因此教师能更好地了解学生，更清楚地知道谁学习有困难，谁能迅速地掌握学习内容。教师还能了解学生的生活，有机会确认他们需要帮助的点在哪里，或者发现他们潜在的问题。

学生也更了解教师了。学生通过视频学习、交流反馈，更能体会到教师劳动的艰辛，教师的无私奉献，也能提高自己学习的积极性；在师生互动中，学生可以了解教师的教学风格和教学智慧，"亲其师，信其道"，从而产生情感的共振，与教师一起共同追求学习目标。

四、让教师与家长的交流更深入

翻转课堂改变了教师与家长交流的内容。传统的教学模式下，家长们会经常询问孩子在校的学习表现，尽管可能教师的描述具体详尽，但家长仍是云里雾里。翻转课堂教学，把部分课堂的功能前移至家庭，孩子在家观看视频进行自主学习，学习状态呈现在家长面前，家长可以直接观察到学生的学习状态。这样教师与家长间可以有更多的交流内容，可以合作来帮助学生，培养他们的良好的学习习惯。

传统教学模式下家长参与学生学习活动的机会很少。翻转课堂教学模式下，教师要事先给学生布置运用网络终端进行学习的任务，并提醒家长，让家长能及时担起监管的职责。当家长发现孩子在自学中存在的问题，如孩子是否在认真学习，如果孩子不学习，自己能做些什么来帮助他学习？这些问题会引发教师与家长的深入沟通，他们会合力帮助孩子成为更好的学习者。当家长和教师诊断出孩子为什么不学习后，就能采取相应的策略来实施必要的干预。

五、让课堂教学更高效

在传统教学模式下的课堂上，我们必须密切注意课堂上的学生动向，因为一些学生会分心、注意力不集中。当我们采用翻转课堂的教学模式后，同学们都在忙于活动或小组协作，学习得更深入，学习效率也更高。翻转课堂会给学生更多的时间在教师在场的情况下有效地解决问题。在翻转课堂模式下，陷入困境的学生会及时得到他们所需要的帮助。随着学生和教师面对面解决问题的时间的增多，教师有更多的时间去帮助在学习上困难的学生，也有更多的时间去培养那些准备好学习更多知识的高水平的学生。翻转课堂，以培养学生的能力为目标。学生通过训练，掌握各种学习技能，学科的能力水平也能够提高得更快。

通过上面的介绍，我们可以看出，翻转课堂是紧跟时代步伐，适应信息技术发展的一种教学模式。它颠覆了传统的课堂教学，能让学生学会自主学习，让课堂真正成为解决问题的阵地，让学生真正成为学习的主人，把教师从课堂讲授中解放出来，成为发展学生能力的引领者。

第二章　基于翻转课堂的微课

通过前一章关于翻转课堂的介绍，我们可以看出翻转课堂的关键在于学生课前通过在线视频课程进行学习，这里观看的在线视频课程也就是我们所说的"微课"。本章我们来了解微课及其制作方法。

第一节　微课概况

一、微课的定义

随着流媒体技术的发展、各类视频网站平台的兴起，微视频不断涌现。在教育界，教育工作者也尝试通过录制微视频来帮助学生学习知识。渐渐地，被赋予一定教育目的的微视频课程也就发展起来了。最早的微视频出现在美国的大学教育中，后来英国、新加坡等国也开始通过电视节目、在线平台播放视频为学习者提供服务。

互联网技术的普及，教育教学方式的不断转变，学习者对于个性化学习的需求，促使着学习方式的急剧变革。翻转课堂的教学方式逐步被人们接受，微视频课程在这样的学习方式转变中起着至关重要的作用，迅速受到人们的青睐。

微课究竟是什么呢？目前定义很多，结合大量的分析，我们认为基于翻转课堂的"微课"有广义和狭义之分。

广义的微课是指教师按照国家课程标准及教学实践要求，运用多媒体技术，以视频、音频为主要载体，围绕某个知识点（重点、难点、疑点）或教学环节，设计开发的一种情景化、支持多种学习方式的在线视频网络课程。微课的核心组成部分是微教学视频，同时还包含与该教学主题相关的教学设计、素材课件、练习测试及学生反馈等辅助性教学资源。

狭义的微课是指微教学视频，是广义微课的一个组成部分，是广义微课设计的物化结果。

二、微课的特点

微课与传统的课堂教学是有区别的，在教学目标、教学内容、学习方式等方面都有很大的不同，具有自身的特点。

教学目标的单一性。与传统的课堂教学一堂课要实现多个教学目标相比，微课一个课程就一个主题，就是让学生掌握一个学科知识点，或者是让学生习得一种技能、了解一种学习策略、获取一种观点。

教学内容的精简性。微课选取的教学内容一般要求主题突出、指向明确、相对完整。相对于较宽泛的传统课堂，"微课"主要是为了突出课堂教学中某个学科知识点（如教学中重点、难点、疑点内容）的教学，或是反映课堂中某个教学环节、教学主题的教与学活动。相对于传统课堂要完成的复杂的教学内容，微课的内容更加精简，因此又可以被称为"微课堂"。

学习功能的多重性。微课可以用于单独的在线学习，特别是在特殊情况下，如学生患病不能到校上课，或因重大的突发公共事件，学生不能到校，此类情况下，学生可通过微课进行学习。翻转课堂的学习模式下，"微课"服务于"主课"，是为课堂教学服务的，是为训练学生的能力与思维服务的。微课学习的主要任务在于"知"，即获取知识性的信息，重点在于对所学课程的知识点的学习；课堂学习的主要任务在于"能"，即重点训练学生运用知识解决问题的能力。

学习方式的自主性。微课供学习者自主学习使用，学习时间的安排、空间的选择、学习时间的长短，由学生自主选择。学生通过观看视频进行新知学习和查缺补漏，可以满足自身个性化的学习需求。

学习工具的网络性。微课学习主要以微视频的观看、听讲为主，微课视频及配套辅助资源都通过网络在线播放。学生学习时必须有网络工具，用于在线观摩课例，查看辅助资源，也可将其下载保存到终端设备（如笔记本电脑、手机、MP4等）上实现移动学习、"泛在学习"，还可以通过网络平台开展在线讨论交流。

教学设计的多媒介性。微课教学以教学视频片段为主线"统整"教学设计（包括教案或学案），充分运用信息技术手段开展课程设计。一般要运用电脑制作幻灯片，插入图片美化课件，在幻灯片中还可以插入相关音频、视频材料。设计文案后，还要考虑运用何种方式录制视频以及如何将视频上传至学习平台，后期还要考虑如何实现与学生的互动，这些都要依赖多媒体技术。

三、微课视频的作用和特点

微课视频是指时间在10分钟左右，有明确的教学目标，内容短小，能够集中说明一个问题的视频。它是微课的重要组成部分，是微课的成果化展示，是经过精心设计对某一知识点的完整的讲授，是学生学习的凭借。

根据美国印第安纳大学教授琼·米登多夫和阿兰·卡利什的研究，在完整的课堂中，学生需要3至5分钟才能静下心来，在之后的10至18分钟内精力非常集中，超过这个时间段学生就会走神。同时，可汗学院的实践也证明课程控制在10分钟最为合适。所以在准备视频时应当注意突出本节课的核心内容，避免过分冗长。

第二节　微课设计

一、明确指导思想

要有"课"的整体意识，要服务于课堂教学的整体需要，根据一节课、一篇课文、一个章节或一个单元的教学目标，来规划每一个微课的目标，要利于整体篇章的学习。例如：在语文阅读课上，为了提高学生的某种鉴赏技能，课前我们将相关的鉴赏知识录制成一节微课，课堂上我们可以把课文作为学习资源，引导学生根据微课习得的知识进行练习。微课的设计作为翻转课堂教学的一部分，要服从于整体教学的需要。

二、确定教学内容

教师要充分了解学生的特点，要预测学生可能会对哪些知识点理解不透，根据教材的重点、难点、易错点，将一节课或者一个教学单元分成若干个知识点，整理成一个清单，列出各个知识点。教师可依据自身对教学内容的独特理解，延伸知识点，拓展知识面，增加新的内容。完整的微课包括引入、讲解分析、总结等环节。引入环节起到激发学生学习兴趣，使学生明了学习内容的作用；讲解分析环节重点分析和系统讲解知识要点，使学生体验思维过程；总结环节将本节微课的主要内容进行简要梳理，帮助学生构建知识框架。优秀的微课往往具有丰富充实的内容和清晰明了的结构。

三、制作课件

确定好内容后，再对每个知识点进行分析研究，制作PPT课件，为后面的视频录制做好准备。为便于学生学习，课件上的文字要简练准确，突出知识点。其他视频的引用，图片、Flash动画的插入等，主要目的是激发学生学习兴趣，帮助学生理解学习内容。

四、录制视频

课件设计好后，可利用录课软件进行视频录制。为了录制顺畅，录制前应写好文字脚本，保证讲解的语言具体生动，通俗易懂。在录制中，教师不能照读脚本，不仅要注意音调的高低、画面的清晰度，还应注意录制时的语气是否符合"一对一"教学的情境，录制时投入的情感是否合适。

第三节 微课视频制作

一、制作工具

随着网络信息等技术的发展，视频的录制技术及工具不断更新，种类逐渐增多。传统的视频录制工具有照相机、摄像机等，现在我们常用的有电脑、智能手机及各种录播软件。这里先介绍我们常用的两种录制工具：第一种，WPS模式下的PPT录制工具。做好PPT课件，打开到播放模式，直接点击摄像图标，即可录制。第二种，钉钉录播。在钉钉中建立一个三人的群组，点击直播进行录制，然后下载保存，即可使用。其他的录制工具，将在后面的专题中介绍。

二、制作准备

在电脑中安装各类必要的软件，制作好相关课件，撰写好解说词。一般来说，主要学习内容都放置于课件中了，但为了保证录制的流畅性，内容的简洁性，语言的感染力，我们要根据课件中的教学内容，拟写一份解说词。解说词开头部分重在引入课题，既要简洁明快，也要注意趣味性。中间部分主要涉及各讲授内容间的衔接与过渡，要力图让学习者明白内容间如何转换。涉及图片的说明、原理的阐释，讲解要简明扼要。课件中已呈现的部分，可以直接"照本宣科"，但要注意语速、语调，语气要亲切，力争达到循循善诱的效果。结尾部分，要干脆利落，总领全课，给学生以回味。

三、制作方法

采用不同的录制工具或录制软件时，录制过程和方法有所区别，这里仍以上文所言两款录制工具为例，向大家说明。WPS模式下的PPT录制工具的录制过程：打开制作好的将要讲授的PPT界面，点击播放，呈现播放页面；点击屏幕左下方的摄像图标，不久后会出现"屏幕录制"界面，在该界面会出现几个录制功能键，左上方会出现"录屏幕"等字样；点击"录屏幕"，在横排的几个选项中点击"全屏录制"，在"声音系统"中点击"麦克风"（这样在录制时只会录入主讲者的声音，不会受到系统中播放视频、音频时声音的干扰），在"摄像头"中点击"不录摄像头"，一切就绪，就可点击"开始录制"了。在录制过程中，通过鼠标点击翻转页面，遇到有音频、视频的页面，可以直接点击播放按钮播放。录制完成时，直接点击红色按钮停止。录制结束后，视频文件会自动保存在主界面的视频列表中，可对录制视频进行编辑，然后另存到指定的文件夹中。

利用钉钉进行录播的方法：在钉钉中通过添加好友的方式，建立一个群组，三人即可成立群组，再利用群组中的"直播"功能进行录制。在电脑桌面上点开要讲解的PPT课件，登录钉钉，打开群组（事先告知群内其他成员不要进群参与），点击"发起直播"，输入"直播主题"后，进入直播间；点击"开始直播"后，退出界面回到电脑中课件页面，开始讲授；课程结束后，点击"结束直播"。这时视频文件将会被保存在群组中，然后可以在"直播回放"中下载文件，并保存到指定的文件夹中。

第四节　微课视频上传

当一个视频制作完成后，必须将它上传到互联网平台，以便学生获取。在上传之前，一定要选好网络平台，以确保微课视频能发挥其作用。

一、网络平台的作用

网络平台是翻转课堂教学实施的重要载体。网络平台的主要作用是，供教师放置教学微课视频以及其他多媒体教学资源，并监控学生的学习情况。网络平台除了放置教学微课视频以及其他多媒体教学资源以外，它还具有以下功能：

1.课程管理

教师能够对视频观看时间及观看权限进行控制，统筹上传的微课视频什么时候让学生观看，让哪些班级、哪些学生观看。

2.学习监控

通过网络平台，教师能够对学生的学习情况进行监控。如某一个微课视频有多少学生观看，某一学生观看某一微课视频的时间、次数等信息都能够从网络平台上反映出来。

3.问题反馈

学生在观看微课视频以及进行自主学习的过程中，遇到问题能够在网络平台上及时准确地反馈给教师，教师将此作为备课的依据。

4.交流互动

学习过程中，学生遇到问题，可以在网络平台上与同学、教师进行互动交流。

5.检测效果

在网络平台上通过试题测试，检测学生对某一章节内容的掌握情况。

6.诊断问题

通过网络平台后台数据的分析，教师能够诊断出学生在学习过程中对哪些章节存在疑问，哪些知识点没有掌握。

在智慧校园条件下，分析网络平台后台的数据，可以准确了解每个学生的在线学习情况、学生对学科知识点掌握的情况，据此可以进行学生在班级的情况比较，在全校的情况比较乃至在全区的情况比较等。

二、常用网络平台

1.微信平台

智能手机已进入千家万户，微信也是学生家长们都会使用的手机软件。教师将录好的视频发至班级微信群中，学生可利用手机终端进行在线学习，也可以下载保存至家用电脑以便反复学习；教师可以通过群组或个人微信与学生在线沟通交流，利用微信中的小程序"班级小管家"打卡，发布作业或检测题，进行学习监控，实现学习检测与反馈、问题诊断，从而为翻转课堂创造条件。学生也可以在群内讨论交流。

2.钉钉平台

录制好的视频可以发至班级钉钉群，供学生学习、师生互动交流。教师通过发布"作业"，检查学生的学习状况。学生也可以下载视频保存到个人电脑，线下进行个性化学习。

3.合肥市教育云平台/皖教云平台

教师可以登录"合肥市教育云平台"，找到个人的空间，发布视频供学生学习。例如，笔者在这个平台的"名师工作室"专栏中，找到"孙家来工作室"，在"名师讲堂"中上传视频，供学生在线学习或下载观看。教师也可登录"皖教云平台"，在"空间中心"中找到"个人空间"，在"个人空间"中找到"我的班级"，在其中的"应用中心"的"课堂微课"中发布视频。

教师还可以把视频放在自己学校的网站上，或者放在一个学习管理系统里。

三、网络平台的使用

教师和学生不仅要在课前观看微课视频时使用网络平台，在课中以及课后都要用到。

第一，课前使用。课前使用主要是通过网络平台让学生观看微课视频以及其他数字化学习资源，通过观看微课视频、导学案，让学生梳理知识点，发现学习中的问题，并通过试题检测预习的效果。

第二，课中使用。在课堂中，教师可以通过平台下发试题，学生回答后立即上传。课堂中网络平台的作用主要是促进师生互动，及时反馈教学信息。

第三，课后使用。课后主要是供学生复习巩固使用。学生可以再次观看微课视频进行复习。教师可以上传作业的解析方法、分析解题思路以帮助学生，也可以通过后台的大数据分析诊断学生在学习中存在的问题。

第五节　微课视频学习指导

所有加入翻转课堂的学习者，都需要教师的指导，这样他们才能尽快适应这种教学模式。

一、指导学生获取视频

一旦制作好一个教学视频，并把它放在网络平台上后，要告知学习者视频的存放路径，以及如何获取视频。微课视频的在线学习，一般有一套系统，既要让学生能获取视频在线学习，也要指导学生如何在线交流、提供反馈、提交作业等。对此，教师要给学生进行专门的指导。

二、指导学生观看视频

教师常以为学生知道如何有效地观看视频，实际上，对学生而言，观看视频并不是一件很好操作的事情。学生要知道如何去观看教学视频，如何与视频互动，就需要专业指导。好的做法是，教师让学生在课堂上观看几个视频，同时给他们示范如何与视频互动；经常暂停视频，与学生讨论如何听、如何观看、如何思考视频中涉及的知识主题；在课堂上让学生单独观看下一个视频，同时监督和确保学生正在通过视频进行正确而合理的学习。

三、指导学生安排时间

利用翻转课堂学习，不是布置一个视频、解决课堂上的问题任务单那么简单，它还意味着更多。教师必须计划、提高和修订自己的课程设置。在家校模式下实现翻转课堂，教师必须指导学生安排好微课学习的时间。如果是第二天的课程，就应要求学生利用午休后的时间或晚自习后回家的一段时间观看视频、完成练习、在线反馈，再根据学生的反馈确定线下课程的内容。如果是下一周的课程，就应安排学生利用周末完成在线学习等。

第三章 高中语文学科中的"翻转课堂"

第一节 翻转课堂运用于高中语文教学的理论依据

前面我们介绍了实施翻转课堂的一些通用的教学理论，那么在语文学科中进行翻转课堂教学有没有科学的理论作指导呢？

我们通过研究和探索发现，翻转课堂运用于高中语文教学不仅符合现代教学论的要求，更符合语文学科各种教学理论的要求。这里我们重点介绍"知识分类与目标导向教学论"指导下的语文教学理论及其对高中语文翻转课堂教学的指导作用。

一、"知识分类与目标导向教学论"的提出

"知识分类与目标导向教学论"是由华东师范大学皮连生教授和他的研究团队在罗伯特·加涅学习结果分类理论指导下提出的。加涅认为，学生的学习结果分为五种类型：言语信息（也称语义知识）、智慧技能、认知策略、动作技能和态度。皮连生教授认为，这一理论对中小学各个学科的学习和教学都有指导意义。

二、"知识分类与目标导向教学论"在中学语文学科的发展

安徽师范大学何更生教授将"知识分类与目标导向教学论"运用于中学语文学科。他结合语文学科的特点，提出了中学语文的学习结果分类及学习机制，让我们明确了中学语文的教学任务和目标。同时，他还论述了语文学习结果分类理论在各类语文学习活动中的运用，让我们明晰了各类语文教学的目标、学习机制以及教学方法。

1.语文学习结果分类理论的核心及其对语文翻转课堂的启示

（1）明确语文学习结果的分类和语文教学目标的本质

这一理论将语文学习结果分为知识（包括文章内容知识和语文知识）、语文动作技能、语文智慧技能、认知策略和态度（情感）五种类型，并认为语文学习的实质就是这五类学习结果的获得和转化。主张语文教学目标主要包括文章内容知识和语文常识性知识、语文基本技能、语文高级技能、语文学习中的情感态度。认为语文教学目标的本质是技能性。

这一理论通过对语文学习结果的分析，弄清了语文教学的目标及本质，给我们确定了语文学科的教学内容、教学重点，选用的教学方法等。语文知识教学，包括字词句知识、语法知识、修辞知识、逻辑知识、文章文体知识、文学知识、作家作品知识等。课堂教学的重点是训练学生的语文技能。语文知识是语文技能形成的基础，最终转化成运用这些知识进行阅读、写作和口语交际的技能。虽然翻转课堂的兴起是基于知识性很强的自然学科，但语文学科的分类结果揭示了语文学科的教学内容，明确了知识学习与技能间的关系，这启示我们翻转课堂教学的方式完全适用于语文教学，这一方式对我们语文学科翻转课堂学习中微课的学习内容设置以及课堂教学的任务布置也具有启示作用。微课的内容可根据教学的需要调整，可以是对字词句知识、语法知识、修辞知识、逻辑知识、文章文体知识、文学知识、作家作品知识等的讲析，也可以是对一定概念和规则的陈述，如各类阅读技巧等。在语文课堂教学中，教师应依托文本指导学生运用知识解

决问题，教师课堂的任务在于为学生解决困难，为其提供帮助。

（2）写作教学的主张

用三类知识来解释写作能力。这三类知识，即写作内容知识、言语表达技能知识和写作策略性知识。写作内容知识即言语信息，其本质属于陈述性知识的范畴，是指人所知道的有关事物状况及事物之间关系的、能够被人陈述和描述的知识，或者说是关于"是什么"的知识，包括名称、事实、事件、态度等；言语表达技能知识主要指与遣词技能和造句技能相关的知识；写作策略性知识是一种特殊的程序性知识，其实质是关于如何审题、如何构思、如何选材、如何剪裁、如何组材、如何遣词造句以及如何修改等，是支配作者写作过程中的认知和情感活动并提高作者的写作质量和效率的知识。

阐述了三类知识的学习规律。写作内容知识本质上是陈述性知识，是由命题和命题网络及它们的综合表征形式——图式表征的。因而，写作内容知识的学习过程，就是这些表征获得和完善的过程。言语表达技能知识，主要是通过课内外阅读进行的，既需要学生的理解，也需要学生的记忆。写作策略性知识的获得，一般要经历获得构成写作策略的概念和规则等陈述性知识、陈述性知识向程序性知识的转化、对写作过程和写作结果的监控和评价等三个阶段。写作策略性知识的学习需要三个方面的条件，即获得写作策略性知识的陈述性形式，了解和领会写作策略和写作规则的操作步骤，在多样性和富于变化性的条件下进行变式练习，使写作规则变成处于意识监控之下的写作策略。

指出了三类知识的教学策略。写作内容知识教学主要在于帮助学生学会积累，方法一是参加社会实践活动，方法二是广泛阅读。言语表达技能知识的教学体现在写作教学中，一般通过写作中个别指导和写作后集体指导与个别指导进行。写作策略性知识是写作教学的重点，要引导学生掌握构成写作规则的概念，要让学生学习运用写作规则写出例文，要在多种多样、富有变化的条件下进行变式练习。

这一理论对于语文写作教学翻转课堂有所启示。写作教学的主要内容是写作策略性知识，写作教学的重点在于指导学生运用规则写出例文。写作的内容知识和写作规则的概念可以通过微课学习获得，教师可以通过在线反馈了解学生运用规则时遇到的问题，在写作课堂上结合学生自主训练的例文集中讨论解决写作中存在的问题，再创设情境进行变式练习。

（3）现代文阅读教学的主张

对现代文的学习结果分析。四类学习结果：文章内容知识、文体知识，现代文阅读的基本技能，现代文阅读的高级智慧技能和策略，情感态度。文章内容知识是指所阅读文章的具体内容，文体知识是指各类文体的体裁知识。阅读的基本技能是指对语言材料和语言规则的获取，如能识别字音、字形，辨认标点符号，辨析句子等。高级智慧技能和策略是指概括文章要点，把握文章主旨的能力；把握文章结构的能力，品评结构特色的能力；探讨各类文体写法，品味文章语言特色的能力。情感态度是指文章中体现出来的道德情感和审美因素等。

对现代文阅读规律的分析。阅读过程是自上而下的加工和自下而上的加工的有机结合，是陈述性知识与程序性知识相互作用的结果。作者经历、背景知识和基本技能的综合运用是学生获得课文内容知识的前提，对课文内容的熟悉以及对文章体裁概念的理解是学生习得和练习高级阅读技能的前提。高级阅读技能的练习会让学生获得所读文章的体裁方面的知识。

对现代文的阅读教学过程与方法的分析。提供背景知识，激活或提升学生的基本阅读技能；检查课文内容知识，促进高级阅读技能的习得和练习；引导学生明确所读文章的文体知识，为高级阅读技能的练习提供反馈。

对高中语文现代文教学翻转课堂的启示。阅读教学以高级智慧技能的习得和训练为重点，但基本知识的教学不可忽视，有一定难度的选文还要重视基本技能的训练。文本可以作为训练高级智慧技能的例文，语文课堂是高级智慧技能练习和习得的主要途径。在现代文阅读教学中运用翻转课堂模式，可以让学生通过微课学习获得基本知识和基本技能。微课的内容可以是知识性的讲授、基本技能的训练，也可以是高级智慧技能的概念的讲解，特别是在学生将要习得新的技能时。课堂教学中教师可以以提问的方式向学生布置练习的任务，引导学生训练高级技能。在这一过程中，教师可以为学生提供辅导。

（4）文言文阅读教学的主张

对文言文学习结果的分析。这也分为四类结果：陈述性知识、文言文学习的基本技能、文言文的高级智慧技能（含认知策略）和情感态度学习。具体说来，陈述性知识不仅包括课文内容知识、背景知识，还包括文言知识，如字典知识、词汇知识、典章制度知识、语法知识、音韵知识、修辞知识、文章章法知识、文体知识、文学常识等；文言文学习的基本技能既指学习运用文言文词法与句法规则知识、熟练阅读文言文的智慧技能，又指在辨认词、句意义的基础上进行朗读等动作技能；文言文的高级智慧技能，主要指对文言文篇章结构的理解，欣赏评价文章内容、思想，还包括分析理解、读写理解的方法，即认知策略；情感态度学习主要指两方面的学习：道德学习和审美体验。

对高中语文文言文教学翻转课堂的启示。微课学习的内容可以是各类陈述性知识的学习，也可以是动作技能的指导，如通过微课指导学生朗读文言文，还可以是高级智慧技能中认知策略的指导。课堂教学内容主要还是一些智慧技能，引导学生学习作品的表达艺术，体会作品的思想情感，表达自己的见解等。

2.语文学习结果分类理论的重要意义

语文学习结果分类理论给我们高中语文教学，特别是在高中语文教学中要进行的翻转课堂教学提供了理论的根据，为我们的理论探索指明了方向，并对教学实践也有着现实的指导意义。

第二节　翻转课堂运用于高中语文教学的理论探索

一、可行性探索

翻转课堂起源于美国林地公园高中和可汗学院，最初被运用于化学和数学学科。这些学科有着完整的知识体系，知识的内化可通过练习来实现。翻转课堂的本质是打破传统教学过程中知识传授和知识内化两个阶段的顺序，传统教学中知识传授是课堂教学的重点，知识内化则需要学生在课后通过作业、操作或者实践来完成。翻转课堂教学中，知识传授前移，学生通过微课学习在课前即可完成，知识内化即技能训练成为课堂学习的重点，在教师的帮助与同学的协助下完成。那么在语文学科中有无丰富的知识体系呢，这些知识对学生语文能力的提高起着怎样的作用，学生的理解和赏析能力、语言表达能力能否在课堂的训练中得到提升呢？只有搞清了这些问题，我们才能在语文学科中实现翻转课堂。结合前文有关语文学科的学习结果分类来看，语文学科完全可以运用翻转课堂的教学模式。

1.丰富的语文知识体系确定了微课学习的内容

翻转课堂教学在课前将知识通过微课的形式加以传授，学科知识的完整性和丰富性决定了翻转课堂的组织实施效果。显然，语文学科与其他学科一样有着自己的知识体系，就高中最新人教版教材来看，大致就有以下几类。

关于语言知识：字的音、形，成语、熟语，句子的类型、作用，语言表达的简明、准确、连贯、鲜明、生动、得体，常见的修辞，常用的文言虚词，文言词语的整理，词类活用，特殊句式等。

关于文体知识：诗歌、叙事散文、新闻、写景散文、演讲词、小说、科普文、戏剧、政论文、文艺评论，古体诗、近体诗，人物传记、山水游记等。

关于表达方法知识：常见的表达方式、叙述的人称、记叙中的议论和抒情、写景抒情、人物描写、环境描写、论证结构、论证方法等。

关于阅读方法的技能知识：提要钩玄法、圈点批注法、朗读法，编提纲、寻找中心句，怎样理解作品的词语、句子；复杂的记叙文、新闻、科技说明文的阅读方法；文学作品、古诗词的鉴赏方法；文艺评论、文言文的阅读方法等。

关于作者及文化的知识：不同文章的背景知识，不同作家的作品及风格。

关于写作方法的知识：叙述的角度，表现人物个性的方法，写事有波澜的方法，写景、描写、抒情的方法，虚构的技巧，立论的技巧，论据的选择与使用技巧，论证的方法，论证的结构，辩证分析的技巧，使作品深刻、充实、有文采、新颖的技巧等。

这些知识就基本确定了语文翻转课堂中微课学习的内容。在微课中可以讲解语言知识，通过讲解这些知识为学生阅读课文扫除障碍；可以传授文体知识，帮助学生把握文章结构和文体特点；可以讲授表达技巧，为学生鉴赏作品提供帮助；可以介绍阅读方法，教会学生阅读；可以讲述写作技巧，为训练学生写作技能作准备。

2.语文知识与能力的关系确立了微课与课堂学习的联系

知识是形成能力的基础，由知到能是能力形成的一般路径，语文学习也是如此。就拿阅读能力的形成来说，如关于阅读知识与阅读能力的关系，可以分成认记知识、理解知识、评价知识、鉴赏知识四部分。这些知识是学生形成阅读能力（包括认读能力、理解能力、评赏能力、借鉴能力）的基础；阅读训练是阅读能力形成的重要手段；而阅读目的、态度、习惯是阅读能力形成的重要条件。这表明阅读知识在阅读能力的形成中起着基础作用。这一论述让我们明白了在阅读课程中实施翻转课堂的课前微课学习与课堂学习间的联系。在学习文言文时，我们可以将语言文字等识记性的知识录制成微课让学生课前学习，这样课堂上我们就能重点训练学生的认读能力和理解能力。在学习外国作品时，可以将相关的背景知识录制成微课让学生学习，这样有助于促进学生理解能力和评赏能力的提高。例如教学《我有一个梦想》时，教师在课前录制微课，介绍作者马丁·路德·金以及20世纪60年代美国的状况，再进行课堂教学时就能激发学生学习这篇课文的热情，增强学生对马丁·路德·金崇高与伟大形象的认识。在萌生了对马丁·路德·金的敬仰之情后，学生就会沉浸在那充沛的气势和淋漓的表达中，这样学生的鉴赏能力就能得到有效提高。在学习文学作品时，我们介绍一些知识性评价和鉴赏知识，可促使学生在课堂学习中更好地品赏作品。例如在学习《故都的秋》时，我们可录制微课介绍文章的创作背景以及作者儿子郁飞的《关于我父亲的〈故都的秋〉》，这样学生在课堂学习鉴赏作品时会更好地理解作者对北平的挚爱之情，欣赏文章写景状物的特点。

写作教学也是如此。何更生教授认为写作能力由主题知识、表达技能和构思策略三类知识构成。主题知识属于陈述性知识，决定着写作的内容；表达技能属于程序性知识，是写作活动顺利展开的基础与保证；构思策略属于特殊的程序性知识，影响着写作效率和作品的质量。在写作教学实践中，我们可以根据不同的训练目标，确定微课学习的内容和课堂训练的内容。为了丰富学生的主题知识，课前我们可围绕某一主题编制材料、录制微课，或选取相关视频资料让学生观看思考，为课堂训练学生的审题立意和选材能力提供准备；为训练学生某项表达技能，课前我们可录制微课结合典型例子讲解相关的概念规则，并布置相关练习，为课堂反馈、提高以及迁移训练做准备；为训练学生掌握某一构思策略，课前我们可制作微课讲授这种策略的相关概念和操作过程，以便学生在课堂上、在具体情景中开展训练。

3.语文学习的本质决定着翻转课堂的任务

知识的内化过程就是技能形成的过程，从自然科学的教学来看，其主要的任务就是培养学生的学科技能，那么在语文教学中我们的主要教学任务是什么呢？对此，语文教育工作者有过许多论述，最具权威性的当属叶圣陶先生和吕叔湘先生的论断。他们都认为语文学习结果从本质上说是一种技能的获得。何更生教授根据皮连生教授对于语文学习结果的分析——知识（包括文章内容知识和语文知识）、语文动作技能、语文智慧技能、认知策略和态度（情感）五种类型指出，语文教学就是教师引导学生有计划、有目的地获得必要的语文技能（包括语文动作技能、语文认知技能和语文审美技能）的活动，技能性是语文教学目标的本质所在。

技能性就是表明其学习过程具有可操作性。就阅读教学而言，根据学习结果的分类理论，学生在一篇课文中获得的学习结果有四个方面：文本知识（内容知识和文体知识）、阅读技能（基本技能和高级技能）、阅读策略（认知策略和学习策略）和阅读态度（情感和动机）。阅读教学本质上是阅读技能的学习。阅读技能的学习条件和过程是怎样的呢？首先是掌握相关的文体知识、阅读的方法技能性知识等；其次是掌握子技能或前提技能（可通过进阶练习形成）；再次是通过练习、变式练习和及时的反馈促进子技能的组合，形成阅读技能；最后是通过综合练习实现技能的自动化。

在翻转课堂教学模式下，文体知识、内容知识、阅读策略性知识等可以在课前通过微课来学习，课堂上主要的教学任务就是训练学生的阅读技能，提高学生的阅读能力。例如，在学习《林教头风雪山神庙》时，教师课前录制微课介绍《水浒传》的创作背景以及与课文相关的情节、介绍复述的阅读策略等，然后布置练习：从相关的情节中，你了解到的林冲是怎样的人？让学生尝试复述课文。课堂上，让学生展示复述课文的成果，通过这样的任务也可训练其复述的技能；在此基础上要求学生概括文本情节结构，训练学生的概括能力和理解小说情节结构的能力；结合作品中的相关情节，阐述文中林冲性格发生了哪些转变，为什么会发生这样的转变，训练学生鉴赏人物形象，探究作品主旨的能力；说明文中"风雪"的描写有何作用，训练学生欣赏环境描写的能力。通过上面的阅读训练，引导学生学会鉴赏小说。在文言文教学中，教师可以让学生通过微课来学习文体知识、文化常识、语言知识的学习策略，课堂教学中通过微课学习中反馈的情况，训练学生的语言运用技能、阅读理解技能以及赏析能力。在写作教学中，教师可以将写作规则的介绍录制成微课，让学生课前学习，并布置相关的进阶练习，课堂中反馈及评价训练中的问题，然后进行变式训练，使学生掌握写作技能、提升写作水平；而关于如何训练学生掌握议论文的论证方法，教师可以录制几种论证方法的微课，让学生学习后选择其中一种写一段文字，并让他们在课堂上展示训练成果，讨论评价其中的优劣，让学生改进提升，然后进行变式练习，最后布置题目进行篇章训练。这样的语文翻转课堂，就将学生的语文能力训练作为课堂教学的中心任务，改变了以前的以知识讲解为主的课堂教学。

了解了语文学科知识的特点，语文知识与能力的关系和语文学习的本质，我们的语文翻转课堂就有"据"可依，这种新的教学方式在教学实践中就会有更大的运用空间。

二、语文学科进行翻转课堂的必要性

1.消除现行课堂弊端的有效路径

在班级授课的制度下，在整齐划一的教学步骤中，教师很难照顾到学生的个体差异。课堂上以教师的教为主，学生被动地按照教师设计的轨道前行。课堂参与的学生少，师生互动难以充分实现。教学反馈滞后，反馈渠道不通畅、不便捷，反馈缺乏针对性。

翻转课堂采用"先学后教"的模式，学生在课前就已掌握了基础知识。尽管他们掌握这些知识所花的时间以及所采用的方式可能不一样，但这样他们就有了在课堂讨论中的发言机会，能够积极参与到课堂活动中。借助网络反馈信息有灵活、便捷、充分、全面的特征，能改变现行课堂教学的不足。

2.改变语文课堂教学效率低下的重要手段

在传统教学模式下，我们的语文课堂知识性的讲解过多，阅读课中教师用于介绍作家作品、背景知识的时间过多。复习课中教师以知识型讲解为主，学生实际做的训练偏少，教师对学生的反馈情况了解也较少。写作课中教师一般只讲写作知识而忽视了对学生写作技能的掌握了解。非语文技能性的学习占用的时间过多，表现为对文本内容的过度关注。教学方式单一、教师讲授过多、师生活动不充分、合作探究形式化、课堂交流难以延续，究其原因，还是学生的知识储备不足。

翻转课堂可以将知识性学习放置于课前，在课堂上可集中解决学生阅读中的问题，训练学生的言语建构、思维发展、审美鉴赏的能力，同时也能训练学生对写作规则的运用能力等。同时，由于学生课前充分学习，带着问题进入课堂，课堂双边活动能充分展开，他们的学习效率会更高。

3.顺应新课程改革的必然要求

《普通高中语文课程标准（2017年版2020年修订）》在"实施建议"部分指出，"要积极探索基于网络的教学改革，利用具有交互功能的网络学习空间，创设线上线下一体化的'混合式'学习生态，为课堂教学和课外学习服务。在信息化环境下，需要进一步探索教学流程、资源支持、教学支持、学习评估等影响学生学习的各种要素所发生的新变化，积极探索信息化环境下的语文教学模式"。只要翻转课堂的探索顺应课程改革的形势，便会有巨大的生命力。

三、翻转课堂在语文学习中的作用

1.优化课堂教学，提高课堂效率

传统教学模式下的教学流程是教师在课堂上讲解课本内容，学生课后自由复习或者通过课后习题加以巩固，这种方式有利于快速完成教学工作，但单一的教学活动容易导致课堂气氛低落，学生积极性不高、注意力下降，

也不利于学生对所学知识的消化吸收，容易出现学生遇到不易理解掌握的问题无法及时得到教师帮助的情况。而具有创新性的翻转课堂将新教育理念与新教育方式相结合，彻底改变了这一流程，能够有效改善传统教学方式带来的不利影响，一定程度上也能提高学生的学习兴趣。学生可以通过网络教学视频，自由地安排学习时间及学习内容，预习或者复习过程中遇到的问题可以总结之后再拿到课堂上讨论或者请教教师，从而掌握相关知识和技能。

可以说翻转课堂教学营造了轻松活跃的课堂气氛，使学生能积极投入课堂活动中，更好地在教师的引领下汲取知识。这种方式的应用改善了学生的学习方式，激发了学生的学习兴趣，进而可有效提高学生的学习效率。

同时，翻转课堂教学可以丰富语文教学的内容，利用互联网技术可以向学生推送新的学习资源，以适应学习水平不同的学生的需求。在课堂上学生带着自主学习中发现的问题进行学习，教师能有针对性地解答问题，深化学生对困难问题的理解，提升学生解决问题的水平，发展学生的语文能力。

例如在《沁园春·长沙》的教学中，首先，教师可以录制视频，对学生进行文章朗读技巧的指导：一要注意停顿，一般为两两一停，但"看/万山/红遍"处"看"应单独停顿等；二要注意节奏，前面的叙述部分可缓慢，写景部分可由慢而快，后面的抒情部分可慢一些；三要注意语调，叙事部分语调平和，写景部分语调高昂，抒情部分语调低沉；四要注意重音，如"看""击""翔""竞"等。视频中还可以插入名家的朗读示范，学生可观看后进行练习。在线下课堂上学生可以展示交流，教师进行指导，比如挑选几位读得较好的同学交流他们在处理语音语调等方面问题时的体会，还可指导学生如何运用肢体语言，并在此基础上开展竞赛活动，提高学生的学习兴趣，使每位同学都能积极地参与到课堂中来。在朗读活动中，感受毛泽东同志当年气吞山河的凌云壮志，感受词中宏伟的气势，加深学生对文章主题的理解、对作者写作时的心境的理解，加深对知识的探究，有效活跃课堂气氛，提高课堂教学质量。在朗读过后，教师可以根据学生的朗读情况进行点评，对表现较好的同学进行表扬，以增加他们的自信心，对表现一般的同学进行鼓励，从而激发他们继续探索的兴趣。其次，教师对课堂进行总结，对书本知识进行归纳梳理，提升学生赏析诗词的能力，为学生完成课后作业奠定基础。这样不仅教会了学生朗读诗歌的方法，而且能提高学生阅读诗歌、鉴赏诗歌的能力。

翻转课堂将知识教学、基本技能的训练前移，课堂上集中解决学生在学习中遇到的问题，将更多的教学时间用来进行高级规则的训练，能提高学生的能力水平，进而提高课堂教学质量。

2.突出学生课堂主体地位

完整的课堂始终是由教师与学生构成的，缺一不可。在传统教学模式中，教师处于主体地位，课堂的流程、教学内容、课堂活动都由教师来制定，一切教学活动都以教师为中心展开。而学生一直被动地接受教师讲授的知识，长此以往师生之间缺乏交流互动，以"教师板书，学生记笔记为主"的课堂模式也是千篇一律，学生难免会对这样忽视自身主体而又单一无味的课堂教学失去兴趣，教师也会因为缺少与学生的沟通而无法准确了解学生对知识的掌握程度，从而不能有针对性地解决学生学习中遇到的困难，最终影响教学质量。

而在翻转课堂的创新应用中，教师逐步转变传统教学观念，明确地突出学生的主体地位，学生变为积极主动索取知识的一方，教师成为辅助重难点讲解的一方，师生之间的"关系顺差"出现。课堂或者课外都以学生为中心，才能调动学生学习的积极性，有效促进教师和学生之间的交流，更有效地促进学生对课堂知识的理解。在更先进的翻转课堂教学模式中，教师作为学习活动的设计师，课前引导学生参与自学内容的布局，包括明确告诉学生学习什么、怎样学习，还要给学生录制微课或搜集其他学习材料，增强他们的自学能力。在学习过程中，教师需要随时关注学生的动态，及时指导。在指导小组活动的过程中，教师利用科学分组策略，可以增强学生参与课堂活动的主动性，确保集体活动的顺利进行。

例如在《阿房宫赋》的教学中，教师课前录制微课，介绍《阿房宫赋》

的写作背景、作者，讲解文章中的重点词句，进行朗读指导。在此基础上，让学生对文章进行初步理解和段落划分，并标注出自己不能解决的文言知识和自己无法理解的内容。回到课堂上以学生分组竞赛的形式开展课堂活动，在每个小组中挑选一位代表阐述小组的观点，与全班同学进行交流。大家可推选优秀的答案。教师再根据同学们的不同想法进行分析解释，纠正学生错误的看法，对学生的理解提出建议，以此促进学生对知识的内化，避免了单方面接收知识的弊端。最后，教师对文章进行总结，对文章脉络进行梳理，构建文章总体知识结构，促进学生对文章的理解。

翻转课堂教学改变了学生的学习模式，强调学生的自主学习能力，突出了学生课堂主体地位，顺应了语文新课程改革提出的新理念，适应了教育信息化的形势和现代教育发展的要求，有助于消除传统课堂的弊端，促进语文课堂组织形式的变革。

3.提升学生综合语文素养

语文作为伴随每一位中国学生走过整个基础教育学习生涯的科目，其重要性显而易见。学习语文不仅能提高学生的语言修养，还能让学生在阅读大量经典文学著作中提升阅读鉴赏能力，获得审美体验，理解中华文化和了解世界文明，在此过程中发展思维能力。因此，教师在高中语文教学中要有长远的目标，以培养学生的语文素养为目的，让学生在不断学习中提高自身综合素质。翻转课堂注重语文知识的自主学习和运用，有助于夯实学生的语文基础，还有助于提高学生的阅读效率、扩大学生的阅读量，最重要的是有助于改变学生的学习思维和学习习惯，让学生由被动学习转化为个性化自主学习，特别是在培养学生发现问题、分析问题、解决问题等方面，具有重要意义。翻转课堂充分运用网络资源，拓展学生思维的空间，全面地发展学生的创新应用能力。利用翻转课堂，可以有效促进学生对新知识的吸收和对旧知识的巩固，促进学生阅读能力和写作能力的提高，提升学生的思维水平和创新能力。

例如在《烛之武退秦师》教学中，教师可以在前一天布置让学生回家对文章进行预习的任务，让学生对段落进行划分，并了解段落大意，提出自己对文章的看法，减少对文章的陌生感。同时教师制作的微课要让学生了解烛之武劝退秦师的社会背景，使学生进入文本学习前就能够感受到烛之武在国家危难之际，临危受命，不避艰险，只身说服秦军，维护国家安全的爱国主义精神。课堂学习时，教师重点探讨烛之武为何能临危受命，烛之武是如何劝退秦王的。以"烛之武退秦师靠的仅仅是口舌之辩吗"这样的问题引领学生深度解读文章，理解人物高尚的精神世界，在大局面前国家利益至上的爱国情怀；理解人物的说话艺术，明白以退为进、替他人着想、善用他人矛盾等说话技巧；发现人物的智慧，善于思考，善于抓住人物心理，利用人性弱点击破对方情感立场，善于发现双方的矛盾并加以利用，以此提升学生的思维能力。

在语文教学中实现翻转课堂教学，既可以引导学生通过自主学习，学好语言知识、文化知识，打牢语言基础，又可以通过课前自主学习节省课堂教学时间，进而将课堂时间用来解决学生在阅读、写作中遇到的问题，发展学生的语文技能，全面提升学生的审美素养，拓展学生的思维。

4.拓宽学生阅读视野

阅读对于学生来说十分重要，尤其是在语文学习中发挥着不可替代的作用。在传统教学中，教师总是让学生写笔记，或花费大量时间摘抄那些优美或富有内涵哲理的语句，在课后学生更是要花许多时间去解读上课的笔记，有的时候还要去补充这些笔记。这就导致学生在阅读上可利用的时间更少了，以致阅读量严重不足，在写作时无素材可用。利用翻转课堂，可以解决传统课堂的弊端，大大缩减学生上课花费在笔记上的时间。同时运用网络推送阅读材料，便于学生获取资源，进行广泛的阅读。

教师在上课的时候可以先列出今天的学习目标，让学生更好把握学习方向，避免学生不知所措。教师还可以在教学过程中利用视频、音乐等多媒体辅助工具来展现知识点，这样能够促进学生对知识点的理解，有效减少学生花费在理解上的时间，同时还能让学生通过辅助工具获得更多知识，

翻转课堂与高中语文教学

提高阅读量。在上课过程中，不断将生活中的人文、科学常识与知识点相联系，可以使学生在学习的同时扩充阅读量。

翻转课堂以一种创新的形式走进高中语文教学，引发了课堂模式、管理模式等方面的变革。把翻转课堂应用到语文教学中，能有效提高高中语文课堂的教学质量，解决学生注意力分散的问题，提高学生的学习兴趣；能够明确学生在高中语文课堂中的主体地位，促进师生间的交流，使教师更好地掌握学生的学习情况，更有针对性地开展教学，还能为提高学生综合素质做出贡献。教学中利用知识的渗透提高学生综合素质，有助于学生健康成长。

第三节　基于高中语文翻转课堂教学的微课制作

翻转课堂的本质就是重新调整课堂内外的时间，将学生学习的决定权从教师转移给学生，将知识的讲解学习放于课前，将问题的解决、技能的训练放于课堂。鉴于此，我们认为高中语文翻转课堂是教师将语文知识等创制成视频、图片或文件等微课并发送至移动终端，学生通过观看视频中教师的讲解，阅读图片、文件，于移动平台留言，教师根据学生的反馈制定解决问题的方案，在课堂上与学生共同交流、解决问题，从而形成技能、达成教学目标的教学方式。微课制作是实现翻转课堂的起点，也是翻转课堂成功的关键。

一、高中语文翻转课堂的微课及特点

什么是微课？结合语文教学而言，"微课"是指按照课程标准及教学实践要求，以多媒体资源为主要载体，教师在教学过程中围绕某个知识点（语言知识、文体知识、写作知识、策略性知识等）或教学环节而制作的一种情景化、支持多种学习方式的在线视频网络课程。它是一种助学系统，有益于语文课程的学习。

高中语文翻转课堂的微课有哪些特点呢？

第一，内容的单一性。"微课"主要是为了突出课堂教学中某个知识点（如教学中重点、难点、疑点内容）、技能点（加圈点法、朗读法）的教学，或是反映课堂中某个教学环节、教学主题的教与学，相对于传统教学模式中一节课要完成的复杂众多的教学内容，"微课"的内容更加精简。

第二，时间的简短性。教学视频是微课的核心内容。根据中学生的认知特点和学习规律，"微课"的时长一般为5至8分钟，最长不宜超过10分钟。

第三，目的的多样性。语文课程教学目标的多样性决定了微课课程学习目的的多样性，可以是语言知识的学习，可以是文体知识的学习，也可以是背景知识的学习，还可以是技巧性知识或策略性知识的学习，总体是服务于课堂问题的解决的。

第四，资源的灵活性。表现在构成的灵活性，以视频资源为主，辅以课件、文档等；使用的灵活性，是教师和学生的重要教育资源，学生可反复使用，教师可以共享。

第五，制作的便捷性。可利用多种途径和设备制作，可以在录播室录制，可以通过各种录频软件录制，还可以用手机录制。

第六，反馈的及时性。微课设计中的练习需学生及时完成并通过网络反馈，教师能及时了解学生的掌握程度，有针对性地进行线下课堂设计。

二、高中语文课程中微课的作用

1.增强教学的针对性，实现以学定教

微课可根据课堂教学目的设计，学习内容的针对性强，同时由于反馈及时，教师可针对学生的学情来设计课堂教学的内容和教学策略，真正实现以学定教。

2.创造学生自主学习的条件，有助因材施教

传统课堂教学要照顾到全班同学，受到时间和进度限制，不可能长时

间纠结在一个问题上，也不可能因为某一个同学没有理解而再三讲解。而微课"短小精悍"，又是在课堂以外，学生若没有理解，可以反复观看，直到听明白为止。这样，赋予了学生学习的选择权，有助于他们自主学习。

3.丰富学生知识储备，提高课堂效率

高考要考察辨识病句和修改病句，要能做到这些，必须学会划分句子成分。因为初中并没有讲解汉语语法的要求，所以学生就有知识漏洞，虽然教师在课堂上讲解了相关知识，但是句子成分的划分对一些同学来说依然是难点。所以，可制作微课《句子成分划分练习》。从句子成分的类型、句子成分的口诀到如何划分句子成分都进行复习和讲解，并且提供相关练习。学生在反复观看之后，就可以掌握这个知识点，从而给课堂学习打好基础，节省课堂教学时间，提高课堂效率。

4.保证学生语文学习时间，培养学生良好的学习习惯

微课的学习通过网络平台实现，学生可以及时反馈学习信息。这样，教师可以监督学生的学习进度，避免学生偷懒。长期训练可让学生化被动为主动，促进学生良好习惯的形成。

三、高中语文课程中微课的类型

根据录制视频的内容，我们确立了常见的微课类型：知识讲授型、策略指导型、技巧点拨型等。知识讲授型微课针对不同的教学内容又有不同的类型：复习课、阅读课、写作课等。不同的知识讲授有不同的要求。复习课以讲解知识点为主，如讲授病句辨析中的语序不当，讲授语序不当的类型及其成因。阅读课可讲授跟阅读鉴赏相关的知识，如阅读《林黛玉进贾府》，可重点讲授人物描写的方法及其作用，为学生课堂重点赏析林黛玉、王熙凤的形象做准备；可讲授文体知识，为学生学会读某类文体做准备。作文课以讲授写作知识为重点，如引导学生写作过程中"写事有波澜"，教师就以讲授"悬念""误会""欲扬先抑"等技法为主。策略指导

型，以介绍策略性知识为主，如在阅读叙事性作品时，我们常在课堂上要求学生复述。为了提高学生复述的能力，我们可录制微课，教授复述的要求、好的复述常用的策略。技巧点拨型，可将技巧的运用过程在微课中加以演示，以便学生模仿。如进行诗歌教学中的朗读技巧指导时，教师在微课中可边讲解要领，边演示操作，让学生掌握操作技巧，以便课堂训练；在复习古代诗歌答题技巧时，可将答题的技巧在微课中交代清楚，以便学生课堂训练。

四、高中语文课程中微课的主要任务及设计

1.高中语文课程中微课的主要任务

（1）学习各类语文知识

由于翻转课堂是将知识教学前置，课堂主要用来训练学生的高级智慧技能，所以，微课学习的主要任务是传授各类语文知识，如作者、写作背景、文体知识，讲清与课堂教学任务相关联的重要知识点，为课堂教学的技能训练打好基础。

（2）学习基本技能

高级智慧技能以基本技能为基础。为了提高语文课堂的效率，语文微课教学可以进行基本技能学习，如识别、辨认字词读音；辨认标点符号的作用；辨认句子的类型及作用；辨析常用修辞格及作用；辨析朗读的一般技巧，进行朗读训练等。

（3）学习策略性知识

高级智慧技能的学习就是运用高级规则来办事，来解决问题。在这一过程中，需要有具体的操作步骤，这些操作步骤也可以通过微课学习来获得，这样为课堂的高级智慧技能训练提供准备。语文高级智慧技能的形成是高级规则运用的过程，而高级规则也是以陈述性知识的形式呈现的。对于这类陈述性知识的学习，也可以通过微课进行讲解，帮助学生掌握。

2.高中语文课程中微课的设计

（1）教学目标要明确

不仅要让每一节微课有明确的教学目标，还要兼顾课堂教学的任务与教学内容。

（2）教学内容要集中

选取最为重要的知识点进行学习。其内容一般为概念学习，为了便于学生理解，要精选例子。例子要典型，通俗易懂。例子数量要适当：太多，学生容易疲劳；太少，学生理解不透。例子呈现要讲究顺序，由易到难，由简到繁。

（3）教学过程要严谨

教学过程要有层次性，由浅入深，符合学生认知结构；结构要完整，引入简洁，中间部分要环环相扣，知识点转换环节要清晰，总结要有概括性。

（4）教学方法要灵活

为了避免讲解的单调，可采用讲练结合的方式，练习设计要精巧，也可设计问题，引发学生短暂思考，参与到课程中。

（5）课件制作要简洁

课件上的文字要简明扼要，一方面便于学生抓住主要信息，另一方面能激起学生听讲兴趣，呈现的文字过多会让学生视觉紧张从而影响听讲效果。因此页面设计要尽量美观，以保持吸引力。

五、高中语文课程中微课的制作及要求

首先要确定课堂教学目标，再确定微课的内容，制作好多媒体课件，然后要写出要录制视频的文字脚本，最后进行录制。

1.具体操作

选取自己熟悉的制作方式，可以在录播室录播，可以用手机录制，也可以通过录课软件来录制。这里笔者介绍两种录制软件："正保远程教育

'录课助手'"和"超级录屏"。

先以软件"正保远程教育'录课助手'"为例。下载安装软件后，打开"录课助手"，点击页面中的"开始录课"，在输入要录制的视频名称后，选择要录制的文件，一般为课件，点击"下一步"。进入页面后，就进入录制状态了，这时点击红色按钮即为开始。录制中对照文稿和课件内容进行讲授。讲授完毕后，点击"停止"按钮，可进行保存，保存前也可预览视频文件，满意后再保存。这种文件只能在电脑中播放，因此还需要转码，将文件转换成MP4格式。转码很容易，点击软件中的"视频转码"，选中所需转换的文件即可。

"超级录屏"更为便捷。从"奥鹏教育"中的"软件下载"中下载安装，打开软件后，根据提示设置好相关内容，选出要录制的课件，点击F3录制开始，录制结束再点击F3，文件会保存在设定的文件夹中。

2.制作要求

为避免分散学习者的注意力，讲授者可不出镜；尽量保持画面的简洁，去除无关信息；为避免讲授的单调，并让学生保持注意力，可适当设置提问环节，增强互动，提问后要给学生一定的思考时间；画面要尽量美观，保证可视性。

第四节　微课案例

一、复习课的微课设计

1.古诗词中"借景抒情"手法学习的微课设计

【学习目标】

学习借景抒情的常见方式，掌握这一表现手法的答题技巧。

【学习内容】

第一步：讲授"借景抒情的含义"。

呈现幻灯片1：

> 一、借景抒情的含义
>
> 　　借景抒情是指借助客观景物的描写来抒发诗人的主观感情。它往往使感情含而不露，蕴藉悠远，深切动人。
>
> 　　如：孤帆远影碧空尽，唯见长江天际流。
>
> 　　　　　　　　　　　　——李白《黄鹤楼送孟浩然之广陵》

第二步：讲授"景与情的关系类型"。

呈现幻灯片2：

> 二、景与情的关系类型
> 1.正衬：①以乐景写乐情
> 　　　　②以哀景写哀情
> 2.反衬：③以乐景写哀情
> 　　　　④以哀景写乐情

第三步：分别举例讲授四种借景抒情的表现手法。

呈现幻灯片3：讲授"乐景写乐情"。

> ①乐景写乐情
>
> 　　用美好的景物来抒写快乐愉悦的心情。
>
> 　　　　　　江畔独步寻花·其六
>
> 　　　　　　　　　杜甫
>
> 　　黄四娘家花满蹊，千朵万朵压枝低。
>
> 　　留连戏蝶时时舞，自在娇莺恰恰啼。

呈现幻灯片4：讲授"哀景写哀情"。

> ②哀景写哀情
>
> 　　用令人感伤的景致来抒发内心的悲苦之情。
>
> 　　　　　　渔家傲·秋思
>
> 　　　　　　　范仲淹
>
> 　　塞下秋来风景异，衡阳雁去无留意。四面边声连角起。千嶂里，长烟落日孤城闭。
>
> 　　浊酒一杯家万里，燕然未勒归无计。羌管悠悠霜满地。人不寐，将军白发征夫泪。

呈现幻灯片5：讲授"乐景写哀情"。

③乐景写哀情

用美好的景物来抒写内心的悲苦之情。

绝　句（节选）

杜甫

江碧鸟逾白，山青花欲燃。

今春看又过，何日是归年。

呈现幻灯片6：讲授"哀景写乐情"。

④哀景写乐情

用令人感伤的景致来衬托快乐愉悦的心情。

塞下曲六首·其一

李白

五月天山雪，无花只有寒。

笛中闻折柳，春色未曾看。

晓战随金鼓，宵眠抱玉鞍。

愿将腰下剑，直为斩楼兰。

第四步：讲授"答题模式"。

呈现幻灯片7：

三、答题模式

第一步，指出运用什么手法；第二步，指出抓住哪些意象；

第三步，指出营造什么意境；第四步，指出表达了怎样的思想感情。

第五步：运用示例。结合课前预习题来讲解如何答题。

呈现幻灯片8：

四、运用示例

阅读下面一首唐诗，然后回答问题。

春行即兴

李华

宜阳城下草萋萋，涧水东流复向西。

芳树无人花自落，春山一路鸟空啼。

请从"景"和"情"的角度来赏析这首诗。

1.这首诗运用了借景抒情的手法，以乐景写哀情。

2.诗人站在城头远眺，只见处处长满了茂盛的野草，潺潺溪水东

流又折向西，烂漫的山花无人观赏，任其自开自落，鸟语婉转。

3.这些怡人之景，构成了一幅明丽的春景图。

4.美景竟然无人观赏，春花自落，百鸟空啼，反衬出诗人伤春、凄凉的心境。

第六步：总结，布置作业。

> 阅读下面这首唐诗，然后回答问题。
>
> 谢亭送别
>
> 许浑
>
> 劳歌一曲解行舟，红叶青山水急流。
>
> 日暮酒醒人已远，满天风雨下西楼。
>
> 诗的第二、四句写景，其作用有什么不同？
>
> 答案：前者是"以乐景写哀情"，"红叶青山水流急"，时值深秋，两岸青山，霜林尽染，满目红叶丹枫，映衬着一江碧绿的秋水，显得色彩格外鲜艳，明丽之景和"日暮酒醒人已远"构成反衬，景色越美，别离越难，离愁越深。后者是"以哀景写哀情"，描写满天风雨，烘托黯然神伤的离别之情。

2.微课脚本

脚本就是对微课内容的解读，可以帮助学生更好理解文本内容。例如：

> "青山有意把客留"是黄梅戏《龙凤奇缘》中的有名唱段，它把女主人公热爱自然、向往自由的情感，通过百花的多情、青山的有意表现出来，这就是古代诗歌中典型的借景抒情的表现手法。今天我们来了解这种表现手法的常见方式，学习运用这种手法鉴赏诗歌。本课的学习目标是，一掌握借景抒情的常见方式，二掌握这一表现手法的答题技巧。
>
> 景与情的关系是高考中常见的考点，在试题中出现的频率较高，本课将从借景抒情的含义、类型、答题技巧及运用示例四个方面做深入探讨。首先，我们来看借景抒情的含义。借景抒情是指借助客观景物的描写来抒发诗人的主观感情。它往往使感情含而不露，蕴藉悠远，深切动人。诗人要表达的思想感情，正面不着一字，全然寓于眼前的自然景象之中，借自然景象抒发感情。如李白《黄鹤楼送孟浩然

之广陵》中的"孤帆远影碧空尽，唯见长江天际流"，故人的身影越行越远，最后完全消失，滚滚的江水犹如对友人的不断思念。那么，借景抒情中的景与情有怎样的对应关系呢？从两者的统一性来看，可以分为两大类四小类，一是正面衬托，即以乐景写乐情，或以哀景写哀情；二是反面衬托，即以乐景写哀情，或以哀景写乐情。下面我们一一来讲解。

第一，乐景写乐情。就是用美好的景物来抒写快乐愉悦的心情，如杜甫的《江畔独步寻花·其六》："黄四娘家花满蹊，千朵万朵压枝低。留连戏蝶时时舞，自在娇莺恰恰啼。"这首诗写于杜甫在饱经逆乱之后。他暂且在草堂有了一个安身之地，此时心情是愉悦安宁的。整首诗通篇写景，景色浓烈、美好，传达出作者愉悦欣喜的心情，这就是以乐景写乐情。

第二，哀景写哀情。即用令人感伤的景致来抒发内心的悲苦之情，如范仲淹的《渔家傲·秋思》："塞下秋来风景异，衡阳雁去无留意。四面边声连角起。千嶂里，长烟落日孤城闭。浊酒一杯家万里，燕然未勒归无计。羌管悠悠霜满地。人不寐，将军白发征夫泪。"当时，范仲淹被派经略延安，镇守边陲，防御西夏，词中的"塞下""秋""边声""千嶂""长烟""落日""孤城""羌管"，展现了寒风萧瑟，满目荒凉之景，充满肃杀之气，兼以凄清悲凉之感，与词中的爱国之情、思乡之意交织在一起，情景交融，使全词情调苍凉而悲壮，这就是以哀景写哀情。

第三，乐景写哀情。借用美好的景物来抒写内心的悲苦之情，如杜甫的《绝句》（节选）："江碧鸟逾白，山青花欲燃。今春看又过，何日是归年。"全诗抒发了羁旅异乡的感慨，诗人借清新美好的春光景色，透露出了思归的感伤，以乐景写哀情，别具韵致。

第四，哀景写乐情。借用令人感伤的景致来抒发快乐愉悦的心情，如李白的《塞下曲六首·其一》："五月天山雪，无花只有寒。笛中闻折柳，春色未曾看。晓战随金鼓，宵眠抱玉鞍。愿将腰下剑，直为斩楼兰。"

前三联写在艰苦的环境条件下紧张的战斗生活，尾联却转到写将士奋勇杀敌的豪情，这种豪情也正是全诗的中心。这样，我们感受到的是不畏艰苦、有着钢铁般意志的将士形象。这里所谓的哀景，自然是用来反衬豪情，就全然不是悲哀的了。

学习了借景抒情的四种类型，下面我们给大家讲解一下这类考题的答题模式。它一般分为四步，第一步指出运用什么手法，第二步指出抓住哪些意象，第三步指出营造什么意境，第四步指出表达了怎样的思想感情。

最后，我们通过运用示例来具体展示一下答题的技巧和步骤。我们看课前大家所预习的题目：阅读唐代李华的《春行即兴》然后回答问题。"宜阳城下草萋萋，涧水东流复向西。芳树无人花自落，春山一路鸟空啼。"请从"景"和"情"的角度来赏析这首诗。

第一步指出运用的表现手法，即借景抒情。第二步指出有哪些意象，诗人站在城头远眺，只见处处长满了茂盛的野草，潺潺溪水东流又折向西，烂漫的山花无人观赏，任其自开自落，鸟语婉转。第三步指出营造的意境，这些怡人之景，构成了一幅明丽的春景图。最后，指出它所表达的情感，美景竟然无人观赏，春花自落，鸟儿空啼，反衬出诗人伤春、凄凉的心境。

本课从借景抒情的含义、类型、答题技巧及运用示例四个方面做了讲解，课后请大家完成练习，加以巩固。

3.微课设计说明

本节课细化了高考古诗词考点中景与情的关系的学习，就借景抒情的手法作了深入的分析讲解，从借景抒情的含义、类型、答题技巧及运用示例四个方面作深入探讨。为了便于学生对知识的理解，精选了学生较为熟悉的诗歌做例子。讲解中采用"规例法"，即由规则到例子，这样学生便于理解，易于接受。整体设计注意学生的主动学习，课前布置预习《春行即兴》这首诗，这为课中的最后环节"运用示例"作了准备，有助于学生掌握答题技巧，最后安排了迁移练习紧扣讲解的内容，有助于学生巩固知识，形成能力。这类微课可用于高三语文二轮复习。

二、阅读课的微课设计

1.微课设计

【学习目标】

①了解消息的体裁特点；②了解消息的阅读方法；③了解新闻特写的含义及特点。

【学习内容】

第一步：讲授"消息的体裁特点"。

呈现幻灯片1：

一、新闻的种类

　　广义：消息、通讯、报告文学。

　　狭义：消息。

二、消息的定义

　　用概括叙述的方式和简明扼要的文字对国内外新近发生的具有社会意义的典型事实所作的报道。

三、消息的特点

　　内容上：新鲜、真实、简短。

　　结构上：分标题、导语、主体和结语等几个部分；

　　　　　　倒金字塔式。

第二步：结合例子，具体感知。

呈现幻灯片2：

我三十万大军胜利南渡长江

毛泽东

[新华社长江前线二十二日二时电] 英勇的人民解放军二十一日已有大约三十万人渡过长江。渡江战斗于二十日午夜开始，地点在芜湖、安庆之间。国民党反动派经营了三个半月的长江防线，遇着人民解放军好似摧枯拉朽，军无斗志，纷纷溃退。长江风平浪静，我军万船齐发，直取对岸，不到二十四小时，三十万人民解放军即已突破敌阵，占领南

岸广大地区，现正向繁昌、铜陵、青阳、荻港、鲁港诸城进击中。人民解放军正以自己的英雄式的战斗，坚决地执行毛主席朱总司令的命令。

第三步：讲授"消息的阅读方法"。

呈现幻灯片3：

四、消息的阅读方法

1.辨识标题的特点和作用；

2.了解导语的特点和作用；

3.把握消息主体的结构；

4.分析消息的背景材料。

第四步：讲授"新闻特写的含义及特点"。

呈现幻灯片4：

五、新闻特写的含义及特点

1.含义：抓住富有典型意义的某个空间和时间，通过一个片段、一个场面、一个镜头，对事件或人物、景物做出形象化的报道的一种有现场感的生动活泼的新闻体裁；

2.特点：现场性、画面感、文学性。

第五步：总结并布置练习。

呈现幻灯片5：

六、布置练习

1.根据新闻特点和指导的阅读方法自读课文，概括本文结构，并加以说明；

2.概括这则新闻中的四个场面。

2.微课脚本

（1）讲授消息的体裁特点

消息属于新闻的范畴，即是用概括叙述的方式和简明扼要的文字对国内外新近发生的具有社会意义的典型事实所作的报道。消息是最常用的文体之一，它在报刊上占有大量篇幅和重要位置。

消息在内容上的特点：一是新鲜，写的都是国内外新近发生的事；二是真实，内容切实准确，没有半点虚构；三是简短，叙事概括简洁，语言精练，篇幅短小。

消息在结构上的特点：一篇消息的结构，一般包括标题、导语、主体和结语等几个部分。标题概括所报道消息的主要内容；导语在开头起揭示全文中心内容的作用；主体在中间，是对导语的具体叙述；最后是结语。各部分内容的安排是按其重要性由重到轻依次排列的，所以，人们把消息的这种结构形式叫作"倒金字塔式"。

例如《我三十万大军胜利南渡长江》这则消息报道的是我百万雄师在震撼世界的渡江战役中突破长江天险、首战告捷的重大新闻。首先从内容上看：人民解放军二十一日渡江，二十二日凌晨就予以报道，可谓迅速、新鲜；如此重大的题材，仅用了一二百字，可谓简洁精练。再从结构上看：第一句话是这则消息的导语部分，只用了二十余字，就清楚地交代了时间、人物、事件及结果，语言高度概括，主题十分鲜明。第二、三、四句是消息的主体部分，是对导语的展开和补充叙述。第二句点明战斗何时打响、何处突破；第三句写敌军的不堪一击，反衬我军的势不可挡；第四句正面写我军渡江的情况，勾勒了一幅雄伟壮丽的"渡江图"。第五句是消息的结语部分，预示了事件的发展方向。可以看出，这则消息具有内容新、真、短的特点和结构上的"倒金字塔式"特点。

（2）指导消息的阅读方法

第一，辨识标题的特点和作用。读一篇消息必须从标题开始。因为消息的标题具有和其他文体截然不同的特点：首先它是消息的一个组成部分；其次它的文字可多可少，形式较为灵活；最后它是全篇内容的概括。如："我三十万大军胜利南渡长江"这个标题，寥寥十二字，准确鲜明地概括出了消息的主要事实。"三十万大军"写出了过江人数之多，气势之壮；"胜利南渡长江"，简明勾勒了我军胜利进军的壮丽场面。所以，我们阅读一篇消息必须首先搞清其标题的含义和作用。

第二，了解导语的特点和作用。导语位于消息的开头，多是消息的第一句话或第一自然段。它以极其精练的文字把最重要、最新鲜的事实概括出来，反映了一则消息的要点和轮廓，如《我三十万大军胜利南渡长江》的第一句。

导语位于篇首，是消息的精华所在，所以，阅读消息正文首先要读懂导语。导语读明白了，整篇消息的主要内容也就知晓了。阅读导语的目的就是把握整篇消息的精髓，以便更顺利地阅读主体部分的详述材料。

　　第三，把握消息主体的结构。主体是一篇消息的主干部分，紧承导语，用比较具体的文字进一步展开叙述消息的基本事实，并根据需要补充导语中没有提到的必要材料，使消息的内容更清晰、更充实。

　　主体和导语的内容是一致的。导语是对事实的扼要概括，主体是对同一事实的具体阐述，只有认真阅读消息的主体部分，才能对所报道的事实有更加鲜明具体地了解，如《我三十万大军胜利南渡长江》的第二、三、四句。

　　阅读消息的主体部分，应着力分析其结构形式，以求理清记叙线索，把握文章脉络。主体的结构形式主要有时序结构和逻辑结构两种。

　　有的消息在主体之后还有结语部分，有的是一段，有的是一两句话，如《我三十万大军胜利南渡长江》的第五句。它对整篇消息不甚重要，所以不少消息是没有结语的。结语的作用：或发出号召，激人振奋；或发表评论，引人深思；或展望未来，给人希望等。阅读结语时，根据其作用去分析品味，是不难理解其意义的。

　　第四，分析消息的背景材料。所谓背景材料，就是围绕消息的中心内容，述及的和正面所报道事件相关的历史、周围事物及整体情况等。它不是消息结构上的一个组成部分，也并非每一篇消息都有，而是从消息内容的性质上说的。

　　阅读消息的背景材料要熟悉它在全篇中存在的形式：一是在导语中，多是作为一两句附加语出现；二是放在导语之后，独立成为一小段；三是放在全文最后；四是穿插运用在材料中。背景材料的位置灵活多变，有的还和所报道事件融为一体，这给阅读增加了一定困难，所以，要细心阅读，才能准确识别、正确理解。

　　（3）讲析新闻特写的含义及特点

　　新闻特写是截取新闻事实的横断面，即抓住富有典型意义的某个空间

> 和时间，通过一个片段、一个场面、一个镜头，对事件或人物、景物做出形象化的报道的一种有现场感的生动活泼的新闻体裁，往往采用文学手法，以描写为主要表现手段，摄取新闻事实中最富有特征和表现力的片段和场面，形象地再现新闻事件和新闻人物，给读者"如临其境"之感。
>
> 　　如《别了，"不列颠尼亚"》主体部分就选取了1997年香港回归，英国撤退时的几个重要场景。请快速阅读课文，找出这几个场景。

3.微课设计说明

这篇微课的设计，融知识型讲解和阅读方法点拨于一体，讲授了有关新闻文体的知识，又讲授了阅读新闻的方法路径。为了便于学生理解，精选了例文，"以例释法"，激发学生的听课兴趣。在讲授新闻的一般特点和阅读方法后，还讲解了如何学习课文的独特的文体知识。学生以此为指导，容易读懂课文，为课堂的重点研讨做了准备。

三、写作课的微课设计

1.微课设计

【学习目标】

①学习"欲扬先抑""悬念""出人意料"等写法；②运用这些手法进行写作。

【学习内容】

第一步：引入部分。由古人论述引入。

呈现幻灯片1：

> 文章之妙，无过曲折。
>
> 　　　　　　　　——明·金圣叹
>
> 凡作人贵直，而作诗文贵曲。
>
> 　　　　　　　　——清·袁枚
>
> 你知道"写事有波澜"的常用方法吗？

第二步：讲析"欲扬先抑"。

结合《荔枝蜜》展开讲解，呈现幻灯片2：

> **第一招　欲扬先抑**
>
> 　　所谓欲扬先抑，就是文章本应大力颂扬的对象，落笔却是贬抑它、批评它。这样在对比中形成反差，情节在起落中曲折生动，给读者以深刻的印象。
>
> 　　提问：你读过杨朔的《荔枝蜜》吗？

举例阐述，呈现幻灯片3：

> **第一招　欲扬先抑**
>
> 　　不大喜欢➡想去看看➡赞美蜜蜂➡梦中变成蜜蜂

第三步：讲析"悬念"。

结合《驿路梨花》展开讲解，呈现幻灯片4：

> **第二招　悬念**
>
> 　　所谓悬念，主要是利用人们对故事发展和人物命运前景的关切和期待心理来设置。我们在叙事时设置能引起读者期待的问题，暂不亮出结果或真相，以激发读者对问题的猜测与渴望，激起读者的阅读兴趣。
>
> 　　提问：你读过彭荆风的《驿路梨花》吗？

举例阐释，呈现幻灯片5：

> **第二招　悬念**
>
> 　　房子主人是谁➡瑶族老人➡哈尼姑娘➡解放军

第四步：讲解"出人意料"。

结合《警察与赞美诗》展开讲解，呈现幻灯片6：

> **第三招　出人意料**
>
> 　　出人意料，是指让事情的发展超出读者的一般经验或推理所能料想的范围。读者由经验或故事前面的情节猜想这个故事会出现一个认为应该会出现的结局，但故事呈现在读者眼前的却是意想不到的转折或变化，向读者没有料想到或估计到的方向发展，出现的是另一种结局。
>
> 提问：你读过欧·亨利的《警察与赞美诗》吗？

举例阐释，呈现幻灯片7：

> **第三招　出人意料**
>
> 　　想进监狱➡（做尽坏事）进不了监狱➡（想变好）进了监狱

第五步：布置练习。

呈现幻灯片8：

从以下两题中任选一题。

A.他们是谁

某某同学与祖母相依为命。最近祖母摔伤了，卧病在床。某同学每天放学后在学校把作业做完，再急急忙忙跑回家，照顾祖母。这几天，听祖母说，在他回家之前，总有几位同学骑车到他家里，帮助他料理家务。他们是谁呢？……

B.记一位教师或同学

一位新来的教师，性格有些古怪，开始大家不喜欢他，但后来发现他的业务能力很强，教学非常认真，许多做法与众不同，教学效果很好。

一位新来的插班同学，有人对他不尊重，甚至戏弄他，他却不气不恼。期中考试，他一鸣惊人，让大家刮目相看。

2.微课脚本

同学们，要想把记叙文写得生动、吸引人，就必须掌握叙事的技巧，做到叙事曲折有波澜，今天我们就和大家共同来学习这方面的知识。

明末清初的金圣叹曾说，文章之妙，无过曲折。清代的袁枚也曾有云："凡作人贵直，而作诗文贵曲。"可见，古人是多么地重视文章的参差错落之美。那么你知道"写事有波澜"的常用方法吗？好，下面我们就给大家介绍介绍。

第一种，欲扬先抑。所谓欲扬先抑，就是文章本应大力颂扬的对象，落笔却是贬抑它、批评它，这样在对比中形成反差，给读者造成心理上的冲击，从而使情节在起落中形成曲折，给读者以深刻的印象。

同学们学习过杨朔的《荔枝蜜》这篇文章吧？下面我们就以《荔枝蜜》为例来了解一下这种写法。作者一起笔就说，他对蜜蜂总不大喜欢，引出小时候挨蜇的回忆，感情上疙疙瘩瘩的，总不怎么舒服，于是将蜜蜂暂放一边，荡开一笔，去说荔枝树、荔枝蜜。当作者品尝了香甜的荔枝蜜，感情起了变化，不觉动了情，产生了想去看看蜜蜂的念头。当作者真正走进了蜜蜂的世界，特别是听完养蜂员老梁的介绍，情感发生了转折，内心不禁一颤，赞叹蜜蜂是可爱的小生灵，以至于自己想变成一只小蜜蜂。全文意在赞扬蜜蜂，这就是“扬”，但作者却从不喜欢蜜蜂写起，这就是“抑”。这样给读者在情感上造成极大的反差，引起阅读的兴趣。

下面我们再介绍第二种方法，悬念。所谓悬念，主要是利用人们对故事发展和人物命运前景的关切和期待心理来设置，在叙事时设置能引起读者期待的问题，暂不亮出结果或真相，以激发读者对问题的猜测与渴望，从而激起读者的阅读兴趣。同学们阅读过彭荆风的《驿路梨花》吗？这篇文章淋漓尽致地展示了悬念美的风采。当“我们”为无处落脚而焦急不安之时，却意外地看到一树林旁出现了一座笼罩着神秘色彩的小茅屋。这是什么人的房子呢？这一设问恰恰是读者的疑问。这样，全文的第一个悬念就自然产生了。当“我”和“老余”水足饭饱之后，怀着满意和愉悦的心情，猜测主人也许是一位守山护林的老人时，一个须眉花白、手提明火枪、肩扛一袋米的瑶族老人站在门前。“我们”以为瑶族老人是小茅屋主人，而老人却说他不是。这样，第二个悬念就产生了，瑶族老人不是主人，谁是主人呢？老人说，他从一个赶马人那里知道，主人是对面山头上有个名叫梨花的哈尼小姑娘。第二天早晨，当一群哈尼小姑娘出现时，“我们”喜出望外，认定这次一定找到了主人。当“我们”要感谢哈尼小姑娘梨花时，她却说：“不要谢我们，房子是解放军叔叔盖的。”这样作者又第三次设置悬念。解放军为什么盖小屋呢？答案是为了方便过路人，是雷锋同志教他们这样做的。至此，谜底全部揭开了。全文悬念迭出，环环相扣，波澜起伏，韵味悠长，常常出人意料，又在情理之中，极富戏剧性。

接着我们来看第三种方法，出人意料。出人意料，是指让事情的发展超出读者的一般经验或推理所能得出的料想范围。读者根据经验或故事情节推想出一个结局。但故事呈现在读者眼前的却是意想不到的转折或变化，向读者没有料想到或估计到的另一个方向发展，出现的是另一种结局。同学们读过欧·亨利的小说《警察与赞美诗》吗？这篇文章在情节安排上最大的特点是既出人意料，又合乎情理。主人公苏比为了能去监狱里度过那个严冬，一次次去做违法的事。他捡石头，砸玻璃橱窗；在饭店吃饭不给钱；当着警察的面调戏妇女；在大街上大吵大闹；在雪茄店里偷雨伞。这样一个罪恶累累的人，却一次次被认定为无罪，想进监狱而不可得。出人意料的结局使读者的心情由紧张化为轻松，进而会发出微笑。当听到了教堂的赞美诗，他决定改过向善时，我们又为之欣喜。但一个意料之外的情节发生了，他被逮捕入狱。这样，我们的心情又转为沉重，进而深思，为非作歹者无人过问，有心从善者反进牢门。巧妙的情节安排时时牵动着我们的神经，让我们欲罢不能，跟着作者一道体会喜怒哀乐。

同学们，使文章有波澜的技巧远不止这些，还有张弛、虚实、误会与巧合等。以上我们重点介绍了欲扬先抑、悬念和出人意料这三种方法。最后请大家想一想，这些方法在具体的写作实践中应如何运用呢？请试着运用其中的一种方法写一段文字。同学们，再见。

3. 微课设计说明

本设计以读写结合为原则，教师通过学生熟悉的相关例文，讲解相关的知识，一方面提升学生的阅读鉴赏能力，另一方面让学生获取写作训练应该具备的知识和基本技能，获取写作技法的图式，掌握写作训练的技法规则。这样，为课堂的讨论交流打下基础。

讲解中，采用规例法，即先讲概念规则，再结合例文加以解释，每一知识点都选取了相应的经典例文。同时，为了易于学生理解，均对例文进行了加工，以便学生获得更为直观的印象。考虑到部分学生可能没有读过相关例文，我们还把例文《荔枝蜜》《驿路梨花》列为拓展学习的资料，以便于学生阅读。

最后，要求学生做相关的片段训练，一方面初步形成基本的、与训练相关的写作技能，另一方面也有助于学生发现写作中运用相关技法的困难，增强了课堂的交流针对性，便于师生共同解决写作中可能出现的困难，提高了课堂指导的针对性和有效性，从而帮助学生形成写作技能，提高课堂效率。

4.拓展学习资料

附一：

荔枝蜜

杨朔

花鸟草虫，凡是上得画的，那原物往往也叫人喜爱。蜜蜂是画家的爱物，我却总不大喜欢。说起来可笑。孩子时候，有一回上树掐海棠花，不想叫蜜蜂蜇了一下，痛得我差点儿跌下来。大人告诉我说：蜜蜂轻易不蜇人，准是误以为你要伤害它，才蜇；一蜇，它自己耗尽生命，也活不久了。我听了，觉得那蜜蜂可怜，原谅它了。可是从此以后，每逢看见蜜蜂，感情上疙疙瘩瘩的，总不怎么舒服。

今年四月，我到广东从化温泉小住了几天。四围是山，怀里抱着一潭春水，那又浓又翠的景色，简直是一幅青绿山水画。刚去的当晚，是个阴天，偶尔倚着楼窗一望，奇怪啊，怎么楼前凭空涌起那么多黑黝黝的小山，一重一重的，起伏不断。记得楼前是一片比较平坦的园林，不是山。这到底是什么幻景呢？赶到天明一看，忍不住笑了。原来是满野的荔枝树，一棵连一棵，每棵的叶子都密得不透缝，黑夜看去，可不就像小山似的！

荔枝也许是世上最鲜最美的水果。苏东坡写过这样的诗句："日啖荔枝三百颗，不辞长作岭南人"，可见荔枝的妙处。偏偏我来的不是时候，满树刚开着浅黄色的小花，并不出众。新发的嫩叶，颜色淡红，比花倒还中看些。从开花到果子成熟，大约得三个月，看来我是等不及在从化温泉吃鲜荔枝了。

吃鲜荔枝蜜，倒是时候。有人也许没听说这稀罕物儿吧？从化的荔枝树多得像汪洋大海，开花时节，那蜜蜂满野嘤嘤嗡嗡，忙得忘记早晚，有时还趁着月色采花酿蜜。荔枝蜜的特点是成色纯，养分多。住在温泉的人多半喜欢吃这种蜜，滋养精神。热心肠的同志为我也弄到两瓶。一开瓶子塞儿，就是那么一股甜香；调上半杯一喝，甜香里带着股清气，很有点鲜荔枝味儿。喝着这样的好蜜，你会觉得生活都是甜的呢。

我不觉动了情，想去看看自己一向不大喜欢的蜜蜂。

荔枝林深处，隐隐露出一角白屋，那是温泉公社的养蜂场，却起了个有趣的名儿，叫"养蜂大厦"。正当十分春色，花开得正闹。一走近"大厦"，只见成群结队的蜜蜂出出进进，飞去飞来，那沸沸扬扬的情景，会使你想：说不定蜜蜂也在赶着建设什么新生活呢。

养蜂员老梁领我走进"大厦"。叫他老梁，其实是个青年人，举动很精细。大概是老梁想叫我深入一下蜜蜂的生活，小小心心揭开一个木头蜂箱，箱里隔着一排板，每块板上满是蜜蜂，蠕蠕地爬着。蜂王是黑褐色的，身量特别细长，每只蜜蜂都愿意用采来的花精供养它。

老梁叹息似的轻轻说："你瞧这群小东西，多听话。"

我就问道："像这样一窝蜂，一年能割多少蜜？"

老梁说："能割几十斤。蜜蜂这物件，最爱劳动。广东天气好，花又多，蜜蜂一年四季都不闲着。酿的蜜多，自己吃的可有限。每回割蜜，给它们留一点点糖，够它们吃的就行了。它们从来不争，也不计较什么，还是继续劳动、继续酿蜜，整日整月不辞辛苦……"

我又问道："这样好蜜，不怕什么东西来糟害么？"

老梁说："怎么不怕？你得提防虫子爬进来，还得提防大黄蜂。大黄蜂这贼最恶，常常落在蜜蜂窝洞口。专干坏事。"

我不觉笑道："噢！自然界也有侵略者。该怎么对付大黄蜂呢？"

老梁说："赶！赶不走就打死它。要让它待在那儿，会咬死蜜蜂的。"

我想起一个问题，就问："可是呢，一只蜜蜂能活多久？"

老梁回答说："蜂王可以活三年，一只工蜂最多能活六个月。"

我说："原来寿命这样短。你不是总得往蜂房外边打扫死蜜蜂么？"

老梁摇一摇头说："从来不用。蜜蜂是很懂事的，活到限数，自己就悄悄死在外边，再也不回来了。"

我的心不禁一颤：多可爱的小生灵啊！对人无所求，给人的却是极好的东西。蜜蜂是在酿蜜，又是在酿造生活；不是为自己，而是在为人类酿造最甜的生活。蜜蜂是渺小的；蜜蜂却又多么高尚啊！

透过荔枝树林，我沉吟地望着远远的田野，那儿正有农民立在水田里，辛辛勤勤地分秧插秧。他们正用劳力建设自己的生活，实际也是在酿蜜——为自己，为别人，也为后世子孙酿造着生活的蜜。

这黑夜，我做了个奇怪的梦，梦见自己变成一只小蜜蜂……

附二：

驿路梨花

彭荆风

山，好大的山啊！起伏的青山一座挨一座，延伸到远方，消失在迷茫的暮色中。

这是哀牢山南段的最高处。这么陡峭的山，这么茂密的树林，走上一天，路上也难得遇见几个人。夕阳西下，我们有点儿着急了，今夜要是赶不到山那边的太阳寨，只有在这深山中露宿了。

同行老余是在边境地区生活过多年的人。正走着，他突然指着前面叫了起来："看，梨花！"

白色梨花开满枝头，多么美丽的一片梨树林啊！

老余说："这里有梨树，前边就会有人家。"

一弯新月升起了，我们借助淡淡的月光，在忽明忽暗的梨树林里走着。山间的夜风吹得人脸上凉凉的，梨花的白色花瓣轻轻飘落在我们身上。

"快看，有人家了。"

一座草顶、竹篾泥墙的小屋出现在梨树林边。屋里漆黑，没有灯也没有人声。这是什么人的房子呢？

老余打着电筒走过去，发现门是从外扣着的。白木门板上用黑炭写着两个字："请进！"

我们推开门进去。火塘里的灰是冷的，显然，好多天没人住了。一张简陋的大竹床铺着厚厚的稻草。倚在墙边的大竹筒里装满了水，我尝了一口，水清凉可口。我们走累了，决定在这里过夜。

老余用电筒在屋里上上下下扫射了一圈，又发现墙上写着几行粗大的字："屋后边有干柴，梁上竹筒里有米，有盐巴，有辣子。"

我们开始烧火做饭。温暖的火、喷香的米饭和滚热的洗脚水，把我们身上的疲劳、饥饿都撵走了。我们躺在软软的干草铺上，对小茅屋的主人有说不尽的感激。我问老余："你猜这家主人是干什么的？"老余说："可能是一位守山护林的老人。"

正说着，门被推开了。一个须眉花白的瑶族老人站在门前，手里提着一杆明火枪，肩上扛着一袋米。

"主人"回来了。我和老余同时抓住老人的手，抢着说感谢的话；老人眼睛瞪得大大的，几次想说话插不上嘴。直到我们不做声了，老人才笑道："我不是主人，也是过路人呢！"

我们把老人请到火塘前坐下，看他也是又累又饿，赶紧给他端来了热水、热饭。老人笑了笑："多谢，多谢，说了半天还得多谢你们。"

看来他是个很有穿山走林经验的人。吃完饭，他燃起一袋旱烟笑着说："我是给主人家送粮食来的。"

"主人家是谁？"

"不晓得。"

"粮食交给谁呢？"

"挂在屋梁上。"

"老人家，你真会开玩笑。"

他悠闲地吐着烟，说："我不是开玩笑。"停了一会儿，又接着说："我是红河边上过山岩的瑶家，平常爱打猎。上个月，我追赶一群麂子，在老林里东转西转迷失了方向，不知怎么插到这个山头来了。那时候，人走累了，干粮也吃完了，想找个寨子歇歇，偏偏这一带没有人家。我正失望的时候，突然看到了这片梨花林和这小屋，屋里有柴，有米，有水，就是没有主人。吃了用了人家的东西，不说清楚还行？我只好撕了片头巾上的红布，插了根羽毛在门上，告诉主人，有个瑶家人来打扰了，过几天再来道谢……"

说到这里，他用手指了指门背后："你们看，那东西还在呢！"

一根白羽毛钉在红布上，红白相衬很好看。老人家说到这里，停了一会儿，又接着说下去："我到处打听小茅屋的主人是哪个，好不容易才从一个赶马人那里知道个大概，原来对门山头上有个名叫梨花的哈尼小姑娘，她说这大山坡上，前不着村后不挨寨，她要用为人民服务的精神来帮助过路人。"

我们这才明白，屋里的米、水、干柴，以及那充满了热情的"请进"二字，都是出自那哈尼小姑娘的手。多好的梨花啊！

瑶族老人又说："过路人受到照料，都很感激，也都尽力把用了的柴、米补上，好让后来人方便。我这次是专门送粮食来的。"

这天夜里，我睡得十分香甜，梦中恍惚在那香气四溢的梨花林里漫步，还看见一个身穿着花衫的哈尼小姑娘在梨花丛中歌唱……

第二天早上，我们没有立即上路，老人也没有离开，我们决定把小茅屋修葺一下，给屋顶加点儿草，把房前屋后的排水沟再挖深一些。一个哈尼小姑娘都能为群众着想，我们真应该向她学习。

我们正在劳动，突然梨树丛中闪出了一群哈尼小姑娘。走在前边的约莫十四五岁，红润的脸上有两道弯弯的修长的眉毛和一对晶莹的大眼睛。我想：她一定是梨花。

瑶族老人立即走到她们面前，深深弯下腰去，行了个大礼，吓得小姑娘们像小雀似的蹦开了，接着就哈哈大笑起来："老爷爷，你给我们行这样大的礼，不怕折损我们吗？"

老人严肃地说："我感谢你们盖了这间小草房。"

为头的那个小姑娘赶紧摇手："不要谢我们！不要谢我们！房子是解放军叔叔盖的。"

接着，小姑娘向我们讲述了房子的来历。十多年前，有一队解放军路过这里，在树林里过夜，半夜淋了大雨。他们想，这里要有一间给过路人避风雨的小屋就好了，第二天早上就砍树割草盖起了房子。她姐姐恰好过这边山上来拾菌子，好奇地问解放军叔叔："你们要在这里长住？"解放军说："不，我们是为了方便过路人。是雷锋同志教我们这样做的。"她姐姐很受感动。从那以后，常常趁砍柴、拾菌子、找草药的机会来照料这小茅屋。

原来她还不是梨花。我问："梨花呢？"

"前几年出嫁到山那边了。"

不用说，姐姐出嫁后，是小姑娘接过任务，常来照管这小茅屋。

我望着这群充满朝气的哈尼小姑娘和那洁白的梨花，不由得想起了一句诗："驿路梨花处处开。"

5.学生佳作

五月槐花香

安徽省庐江中学 高一（五）班 夏玉玲

天气渐渐地由凉转暖，五月在不知不觉中来临。校园的槐树上冒出了一大串一大串的花骨朵儿，一些早开的花将淡雅清幽的香气传遍了校园。西斜的落日将余晖洒在白色的花朵上，绿油油的叶子和它们一同组成了极美的画面。静静的教室中一个孤单的身影却丝毫没有受到美景的影响，头也不抬地写着作业。

其他的同学在放学铃响后纷纷收拾书包回家了，而他却一直在写作业，一直写到教室里只有他一个人。时间在一分一秒地流逝……终于，最后一个字被写在了纸上。他长舒一口气，立即背上书包，锁好教室的门后，飞快地向家跑去。

"奶奶，我回来了。"他气喘吁吁地停在了家门口。"小然，你回来啦，快进来吧。"苍老但温和的声音从卧室里传出。

他叫孟然，从小就失去了父母，与年老体弱的祖母相依为命。命运却又和他开了一次玩笑——祖母在干活时摔伤了。面对卧病在床的祖母，他选择坚强地生活下去，照顾好祖母。所以，他才会留在学校完成作业，之后再急急忙忙跑回家去照顾祖母，料理家务。

走进卧室，孟然先给奶奶倒了一杯水，正准备去打扫屋子，却发现了一件奇怪的事——他中午走时因匆忙而没有捡起的塑料花瓶被摆在了桌子上，里面还插着几枝挂了槐花的树枝，清清的槐香荡漾在屋子中，而且屋子似乎被打扫过了！

"奶奶，我走后家里有人来过吗？"

"咦？不是你请你的几个同学来帮忙料理家务的吗？"

"可是奶奶，我并没有请人啊！"

"小然，如果你没有请人，那这几天来家里帮忙的是谁呢？"

"可能是同学。奶奶，你给我讲一下他们的样子吧！"

"奶奶眼睛不大好，只记得其中有一个人个子挺高，声音挺大。还有，他们都是骑自行车来的。"

……

孟然躺在床上却睡不着，他猜想着奶奶口中所说的那个个子高，声音大的人是谁。是王明吗？他的确个子高，声音大，但他不骑自行车。或许他为了赶时间找别人借了自行车，又或许他是坐在别人自行车后一起来的。是华胜吗？他的个子挺高，但声音不大。或许是他和奶奶说话时怕她听不清而加大音量……孟然一晚上也没有想出来。

早晨的阳光透进了教室，孟然把目光投向了窗外。槐花一夜之间便开了许多，丰满的花朵似乎在阳光里微笑，又像是在诉说着什么。教室的门被推开，响声把孟然的思绪拉回到了教室。进来的是王明。孟然的视线落到王明的身上，定住了。他发现王明的帽子上有几朵红色的槐花，是那种在这儿极少见的毛刺槐的花。他记得在王明家中并没有这种槐花，全班也只有孟然一家有。对于王明是神秘来访客中的一名，孟然已有七八分的把握了。放学后，孟然悄悄地跟上了王明，奇怪的是王明并没有骑自行车。孟然跟着王明缓缓地走，忐忑不安的心渐渐平静，因为王明并没有走往常回家的路线，而是朝孟然家所在的方向走去。在孟然家门口，王明停住了脚步。孟然想，错不了了，王明一定是奶奶所说的那个人，我得向他道谢。孟然正准备向前走的时候，华胜突然从他家出来，手里拿着扫把。"王明，你平时回家不走这边，今晚突然想换路线吗？"华胜微笑着对王明说。"我今天早上也走这条路啊，风还把孟然家槐树上的花刮到了我身上呢！我走这边也不是突然想换路线，只是以前回家走的路还在维修，不让通行。你怎么在这儿呢？孟然在吗？"王明挺惊讶地说。"孟然的祖母摔伤了，他一个人也不容易，我来帮帮他，要不你也一起来吧！我们有好几个人在这儿呢。"华胜提议。"好。"王明爽快地答应了。华胜转头之际发现了孟然，禁不住喊了一句："孟然，你怎么这么早就回来了？"其他同学闻声从屋子里跑出，王明也转过头来，时间似乎停止在这美丽的季节。"谢……谢！"孟然缓缓地吐出了这两个字……

"那一年的五月是我所度过的最美的五月；那一年的槐花也是我所见过的最美的槐花；那一年的槐香将永远镌刻在我的记忆中，连同那些美丽的人和事。"孟然多年之后回忆时说。

> 评语：基本功扎实。景色描写用词精准、细腻，语言流畅，感情真挚。本文亮点颇多。槐花等景物贯穿全文，增添了美感，亦使全文在结构上显得有条理，内容紧凑不造作。小故事运用了"悬念"和"误会"的方法，使故事曲折生动，层层深入，引人入胜。故事真实自然，读来便觉朴实，温暖。

秃头儿

安徽省庐江中学 高一（5）班 谭钰林

头上秃秃的，没有几根头发，一副黑框眼镜卡在一双像会喷火似的眼睛上，一身西装革履显得特别严肃。这就是他给我们的第一印象，我们新来的数学老师。

那天当我们叽叽喳喳地谈论着我们新来的数学老师会是什么样时，他已经以不快不慢的速度走上了我们的讲台，盯了我们一会了。我们立即被他那强大的气场给镇住了，班上鸦雀无声。这时，他开始自我介绍。我们暗暗地在心里嘀咕：唉，又是老一套，先自我介绍，完了再拿着花名册挨个儿点同学的名字，然后让同学们站起来让自己认识。

"我叫陈东，是你们的数学老师。"

完了？平时新来的老师一般自我介绍时都会介绍一大段话，怎么这个老师一句话就没了？我们在心里嘀咕。

"接下来，我们开始上课。"

这句话后，我们班上开始有了小小的骚动。

盯着他空空的手和只有几盒粉笔的讲桌，底下几个调皮的男生讥笑道："没带书还敢来上课？"然而接下来便证明了他们的讥笑是多么的没意思。

我们还没有打开书，他便开始滔滔不绝地授起课来。一堂课下来，我们准备的数学书都没翻便听懂了他的课，后面那几个平时不会做题的男生竟然做出了老师出的那几道题。那几道题看似简单，但覆盖的知识点特别广。末了，他对我们说："你们不需要做那些作业，只要把我讲的知识掌握就行了。"这句话说完，引起我们班的一片哗然："不做作业能提高成绩吗？"

一个月后的月考，很惊讶地，我们班的数学成绩从以前的全校倒数升到了全校前三（全校一共有十几个班）。其他数学老师颇为惊讶，纷纷前来向我们数学老师讨教教学方法，当听说我们班从不做数学作业时更是张大了嘴巴。

尽管我们班的数学成绩是因为这个新来的数学老师提高的，几个调皮的男生还是"以貌取人"地给他取了个外号——"秃头儿"。这绰号不知怎么传到了"老班"的耳朵里，"老班"非常生气，对我们发了火。"老班"把那个给数学老师起外号的调皮男生拉到数学老师面前，让他给数学老师道歉。他心中惊恐万分，毕竟数学老师看起来那么凶。他低下头来，准备接受数学老师劈头盖脸的批评时，却听见了数学老师用比平时温和的语气说："这是事实嘛！"他惊讶地抬起头看着数学老师，数学老师回以他一个淡淡的微笑，顿时他心中充满了对数学老师的无限崇拜。

课程还是像平常一样进行着，但没有人再叫数学老师"秃头儿"，因为如果有人叫的话，那个被"老班"拉到数学老师面前的男生便会出来制止。

从此之后，我们不再对数学老师的样貌指指点点，更多的是对他的崇敬。

评语：本文成功地运用了"欲扬先抑"和"出人意料"的写作手法。

第五节　微课学习的具体实施路径

——以基于微信平台的微课学习为例

一、发布微课视频

将录制好的视频直接发送到班级微信群中，让家长告知孩子收看。容量比较大的文件，可让学生登录相关平台（如第二章所述，合肥市教育云平台等）在线收看，或下载收看。为了便于学生练习反馈，练习不要直接录制在视频中，可单独以课件形式发给学生，这样学生操作起来方便。

图 3.1　关于微课学习的视频发布示例

二、在线交流

学生收看后，可以在线提问，直接在微信群中以语音、文字的形式留言，也可以将练习答案拍成图片发至群中让教师修改、订正。教师在线答疑，回答学生的各种提问。为了节省教师的工作时间，可规定在一定的时间段集中答疑。

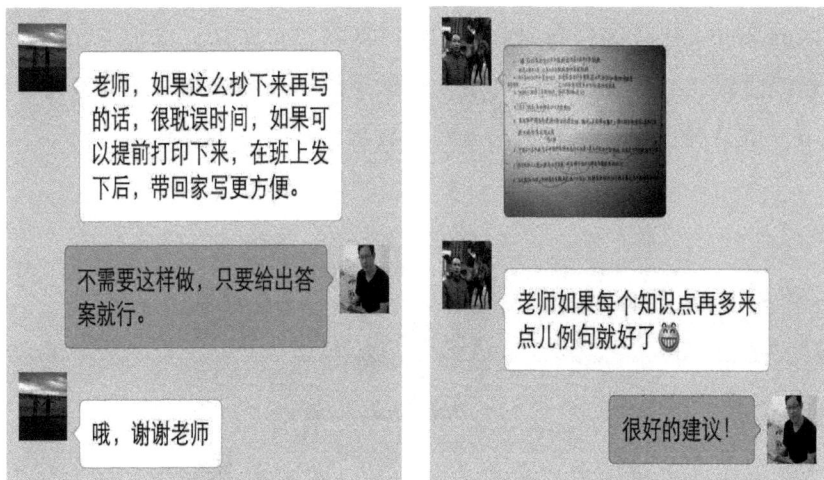

图3.2　关于微课学习的在线交流示例

三、收集反馈问题

对于教师没有及时解答的问题，课代表或小组长可进行收集归类，以便教师集中解答或作为教师二次备课的教学内容。

第六节　高中语文翻转课堂教学研究

一、高中语文翻转课堂的教学任务

翻转课堂将传统课堂前置，让学生自主学习，那么课堂教学还需要完成哪些任务呢？

1.巩固强化知识

学生通过视频学习主要完成知识的接受和理解。在课堂上，教师可通过检查学生微课学习效果来帮助学生巩固知识。如果在微课学习阶段，学生没有掌握相关知识点，那么在课堂教学中，教师就要帮助学生理解相关知识，并进行相应的巩固和强化。

2.进行技能训练

因学生事先学习了知识，所以，教学课堂的主要任务就是训练发展他们的各种语文技能。在阅读教学中，主要是训练学生阅读各种文体的技能，重点解决他们在形成技能过程中出现的问题，帮助其形成能力；还可训练学生的鉴赏技能，解决他们在鉴赏过程中遇到的困难，提升鉴赏能力。在写作教学中，主要是训练学生运用写作规则的技能，解决学生在表达中出现的问题，帮助他们形成写作能力。

3.拓展学习领域

在学生通过微课或课堂学习基本形成技能后，课堂上教师还要准备有深度的学习内容和问题，满足学生进一步探索的欲望。

4.建构知识体系

因为微课学习的知识相对较零散，是碎片化的知识，为了让学生形成系统的知识体系，课堂上，教师要和学生一起通过回顾的方式，对碎片化的知识进行整理，建构一定的知识体系，帮助学生理解学科的全貌。

5.专注探究创新

传统课堂上，教师讲解知识需要占用相当多的时间，因而探究的过程往往被搁置。在翻转课堂内，学生因事先学习了知识，课堂上就有较多时间用于探究活动。基于特定问题或任务，无论是同伴之间的交流研讨，还是小组合作完成，都是探究和创造的重要体现。

二、翻转课堂的教学方式

翻转课堂与传统的课堂相比，时空发生了变化，课堂上的教学方式也发生了变化，课前的学习更强调学生的自主学习，而课堂上更强调合作学习、探究学习、混合式学习和项目化学习。

1.合作学习

翻转课堂模式下，由于学生事先通过微课视频学习了基本的知识和技能，课堂上师生有了更多的互动时间。同时，学生通过先行学习，会带着有针对性的问题进入课堂，师生共同关注的问题成了教学的主要内容。翻转课堂的目的就是在课堂中提升学生的知识运用能力、思维发展能力，这些决定了课堂教学的方式应从教师单向的讲授向合作学习转变。语文学习中的合作学习可分为小组合作、班级合作和师生合作三种主要形式。小组合作，一般将在微课视频的学习中对某一共同问题感兴趣的同学分成一组，进行合作探讨，获得对问题的共同认识。班级合作学习，是在小组合作的基础上，进行班级交流，解决小组合作学习中遇到的问题，分享小组学习的成果，获得共同的认识或扩展视野。师生合作，是指教师对小组合作学习的指导，以及对班集体合作学习的组织。教师可以提有参考性的建议，也可以做总结性的指导。

2.探究学习

探究学习又被称为发现学习，其目的不是要求学生在学习中有新的发现，而是强调学生通过发现的方式，在具体探索的过程中学习知识、理解知识、运用知识解决问题。在这一过程中学生可以学会搜集材料、进行归纳、发现规律，从而提升多方面的能力。翻转课堂教学为探究性学习提供了条件。教师可以通过录制视频教会学生完成某项语文学习任务的方法策略，学生根据教师教授的方法策略执行任务并搜集资料、整理材料、归纳发现、得出结论。例如：运用翻转课堂来开展《故都的秋》一课的教学时，教师课前可录制微课，告知学生要探究散文的主观情感，就要由"境"入手，要读懂文本中所描写的情境，展现的艺术画面。就该文来看，要了解文中写了哪些图景，这些图景有什么特点，这些图景有怎样的关系。同时，抓住文本中呈现的这些生活图景，探究为什么会呈现这样的特点，它们体现着作者怎样的思考。最后还可以从语言入手来推敲文中的感情。学生观看视频后，可以按照教师指导的方法阅读文本，查阅资料。课堂教学中，教师可组织学生交流资料，发表看法，形成自己独特的理解。

3.混合式学习

所谓混合式学习，就是要把传统学习方式和网络化学习方式结合起来，以发挥各自优势的一种新的学习方式。在翻转课堂阅读教学中，教师可以利用网络在线提供学习资源，便于学生理解探究；可播放在线视频，让学生感受文学作品中的特定情境，获得审美体验等。在写作教学中，可以对学生进行情景化训练，通过播放与特定的生活场景相关的视频，丰富学生的生活图式，让学生进行叙述性文体的写作；或重组社会现象，让学生发表看法，进行议论文写作训练等。在智慧校园环境下，可运用平板电脑等智能终端进行交互式学习。

4.项目化学习

项目化学习是一种教学方法，能够让学生在努力探究和应对复杂的问题、困难和挑战的过程中获得知识和技能。在语文学习中，可以让学生围绕某一主题学习任务，设计驱动性的问题，在学生以自主或合作方式进行基于项目任务的问题解决过程中，开展语文学习活动或进行跨学科的学习，从而获得语文知识，提升语文学科素养。如：让学生编印一本演讲作品集，组织学生确定演讲主题，撰写演讲稿，开展演讲活动，收集演讲作品，编印成册。在这一系列的活动中，学生为了解决问题、完成任务，以自主、合作的方式进行探究学习，最终完成任务。它是基于真实问题的学习，人人有任务、人人有活动；它又是注重学习过程的，为了完成任务，学生要进行自主、合作探究等多样化的学习；它会形成一定的学习成果，这也是项目学习区别于其他学习方式的最主要之处，如上述的项目学习，最终形成演讲作品集。翻转课堂模式下，教师可以通过视频课分项指导、课堂上集中指导等形式帮助学生完成项目。

三、课堂教学的几种操作模式介绍

1.作文教学翻转课堂的指导模式

教师在课前将写作知识、写作技巧讲解录制成视频，让学生学习并布置相关的写作任务；学生将自己的练习传至网上，教师阅览，收集典型的、带有普遍性问题的材料，放到课堂教学中集中解决；在课堂上紧紧围绕学生写作中出现的问题组织教学，师生共同探讨解决的办法。这样的课堂上，教师不再只是进行空洞的知识讲解，而是全身心地关注学生写作技能的形成，真正做到了基于问题解决的教学。在实践的基础上，笔者总结出了作文教学翻转课堂的指导模式——"三步"学生自主学习模式：例文—规则—练习，即发现与写作训练有关的例文，或教师推荐相关例文，印发至学生，学生自主阅读；教师根据例文制作课件，教授相关的方法技巧，并布置练习任务；学生观看视频，学习知识技巧，进行训练，并将练习成果上传至平台。"四步"课堂教学模式：知识回顾—展示问题—讨论解决—迁移巩固，即复习课前所学知识，以便于课堂问题解决；展示学生在课前练习中出现的问题，或学生相互交流，指出写作中的不足；教师引导学生讨论，针对问题提出解决的办法；学生运用课堂中获得的解决问题策略，修改自己的练习成果，或进行新的练习，巩固所学。

2.复习课翻转课堂的组织模式

翻转课堂应用于复习课能极大地提高课堂效率，将知识的讲解置于课前，课堂上集中讨论学生运用知识解决问题时出现的困难，教学针对性强。展示答题的过程，便于发现学生学习中的困难，便于教师及时纠正，有利于提高学生学习的时效率。例如：在讲解"比喻"的运用时，教师可制作视频，讲授比喻的构成、种类、作用等知识，学生在预习的基础上观看视频，然后完成相关练习，如仿写、在诗歌鉴赏中的运用等。课堂上让学生交流在运用时遇到的困难，发现存在的问题，师生交流获得解决困难的策略。随后再进行练习巩固，以形成技能。在此基础上，我们总结出复习课翻转课堂的组织模式：观看视频、弄清知识点、尝试练习—检查练习，发现问题—指点答题技巧—运用技巧、解决问题（课堂练习）—变式练习、提升技能。

3.阅读课翻转课堂的三种课型

在语文阅读教学中采用翻转课堂教学方式难度较大，首先是要弄清哪些教学内容适用于翻转课堂。我们经过慢慢摸索，掌握了一定的方法。我们总结出了阅读课的三种课型：方法策略指导型、写作技巧赏析型和语言赏析型。所谓"方法策略指导型"，就是对不同文体的阅读方法进行指导，以增强课堂教学效果的翻转课堂学习。例如：在诗歌教学时，我们可录制有关朗读方法、技巧指导的视频，让学生在预习课文的基础上观看视频，练习朗读技巧；在课堂上让学生展示，教师纠正，以便提升学生朗读能力。在实用类文本教学时，我们可录制视频介绍泛读的步骤、要领，精读的方法，学生可根据视频要求去尝试练习，课堂上教师可检验学生对方法的掌握情况，并加以纠正引导。在学习小说文本时，我们可录制赏析人物方法的视频，学生在预习文本的基础上尝试分析，在课堂上师生共同探讨，帮助学生答疑解惑，提高学生的分析鉴赏能力。所谓"写作技巧赏析型"，就是以学习各类文章写作技巧为学习任务的课堂学习。我们可根据具体的教学目标事先录制关于写作技巧的讲解视频，学生在预习后观看视频并尝试赏析，课堂中教师引导学生做分析并发现其分析过程中存在的困难，师生共同讨论解决，从而提高学生的鉴赏能力。所谓"语言赏析型"，就是以语言鉴赏为教学内容，以提高学生语言鉴赏能力为目标的课堂学习。例如：在教学《荷塘月色》时，文章用词准确、运用多种修辞增强表达效果应为一个主要教学目标。为此，我们课前可录制有关用词技巧和通感的修辞方法方面的知识，让学生观看视频后自主鉴赏，在课堂教学中学生可直接提出自己在理解赏析上的困难，或教师解答学生在在线留言中提出的典型问题。这样在课堂学习中可以真正做到答疑解惑，提高学生的鉴赏水平。

第七节　翻转课堂对语文教师的要求

一、要转变教学理念

在传统教学模式下，教师已经习惯于讲授教学，已磨练成讲课能手。他们站在讲台之上，教授学生知识，是课堂的中心。整个课堂由他们组织，井井有条，环环相扣，学习任务也由他们安排。在工作方式上，他们也习惯于在学校里完成教学，一般不会想着用网络技术来与学生进行课外的教学交流。翻转课堂模式下，教师必须要转变观念，要学会让学生进行自主学习，放权于学生，让学生成为学习的主人。教师不但要允许学生使用信息化产品，还要指导他们学会使用这些产品并让这些信息化产品为学习服务；既要教学生使用技术，还要和他们共同制定规则，让他们在接触现代信息技术时不沉迷网络。要让学生带着问题进入课堂，引导学生与教师、同学交流，与学生共同解决问题，提升学科能力素养。在网络条件下，教师的工作方式也应发生转变，不能仅局限于学校，工作之外的时间还需要录制微课、在线答疑，甚至外出学习、开会时也可以对学生进行指导。

二、要精通网络技术

翻转课堂教学重要的一环需要借助现代信息技术，因而，作为教师必须具备一定的信息技术素养。首先要会运用电脑制作课件，主要是PPT的制作，包括其他视频的引用，图片、Flash动画的插入等；其次要会制作微课，学会利用录播软件或各种录播工具进行录像，录制后要会后期加工处理，如删减内容、添加字幕和标注、增加片头和片尾、压缩文件等；最后还要学会利用网络平台传输视频、发布微课，并运用平台与学生进行互动交流等。

三、要提高驾驭教材的能力

翻转课堂教学主要是将知识的讲解前置，将与知识点相关的能力训练置于课堂，在语文教学中更多的是将文本作为训练学生语文能力的凭借，因此对知识点的提炼尤为重要。微课教学中知识的讲授一定是与课堂训练密切相关的，教师要选取有助于学生技能提高的知识点。教师要对教材进行整体把握，统筹考虑，知识点的挖掘、提炼是教师驾驭教材的基本能力。同时，教学内容的确立也是教师驾驭教材能力的重要体现。翻转课堂的教学内容更多地依赖于学生的学习反馈，这就更需要教师的梳理、再加工，将学生发现的问题重组，使其更具典型性。教师还要懂得根据课程标准和教材要求，适当地加以引申和拓展，以确保教学目标的达成。教师要深入研究教材，挖掘相关的教学资源，要有对教材的深度解读能力，又要有对课堂教学的预设能力，这样既能保证课堂教学的灵活性，又能保证教学活动的生动性和丰富性。教师还要有科学地设计练习的能力，练习题要典型并有针对性，才能达到举一反三的训练效果。

四、要提高课堂的组织能力

传统课堂基本以教师讲授、学生听讲，教师提问、学生回答的形式为主，课堂教学易于组织。与传统课堂相比，翻转课堂更注重学生的活动，这就要求教师有较高的课堂组织能力。首先，教师要能把握课堂新的组织形式。翻转课堂不仅注重学生个体的活动，更注重小组的合作、组与组之间的交流，这就要求教师要合理分配小组成员，组内成员可以是志同道合者，可以是优势互补者，让小组成员有分工，这样才能真正发挥小组的功能。组与组之间既要有各自的任务，又要有思想的碰撞，这样才能促进学习活动的深入。其次，教师要能熟练地使用各种教学方法。教师不仅要会使用讲授法、提问法、讨论法，还要注意运用语文学科独特的方法，如诵读法、赏析指导法、情境体验法等，保证翻转课堂中的语文教学特点不丢失。最后，教师要关注学生的表现，合理地运用课堂评价。为激发学生的学习兴趣，保证学生有持久讨论交流问题的动力，课堂上教师要仔细观察学生、认真听取学生的发言，给予及时的反馈，做出专业的评价。评价的方式可以灵活多样，可以让学生自我评价、相互评价，也可以是教师的评价。评价的形式也可多样，可以是言语评价，也可以是掌声等赞许性评价。

第四章　高中语文翻转课堂的代表性案例

第一节　翻转课堂应用于高中语文写作教学的案例
——以指导写作"并列式结构议论文"为例

安徽省庐江中学　孙家来

一、微课设计

【教学导入】

　　同学们！本学期我们刚刚学习了横向展开议论，在练习中你体会到了这种论证结构的好处了吗？今天我们进一步学习其中的并列式结构议论文。并列式结构议论文的主要好处在于能使文章思路清晰，条理分明；论证全面，能展示思维的深度；文章气韵酣畅，说明力和表现力强。在评阅考场作文时，阅卷者能一目了然地把握作文思想，也彰显了作者的表达能力。这么好的一种作文形式，你还不快来学习、掌握它？

【微课内容】

1.什么是并列式结构议论文

并列式结构议论文属于典型的横向展开议论，即文章先提出总论点，然后并列地从几个方面分别对总论点加以论述，即论述部分是由并列的几个分论点组成的。

并列式的几个分论点常常放在每段开头，以显示层次。采用这种结构形式的关键，是能够从不同的侧面对一个总论点加以认识，并能够并列地设置出几个能说明总论点的分论点来。

2.写好并列式结构议论文的要求

第一，运用并列结构展开论证，要设置分论点，各分论点要在同一个层面上，从不同的角度展开议论。分论点一般至少三个，这样论证才能更充分，结构更匀称、工整。

第二，分论点句式要整齐，可运用比喻、引用等修辞方法。

3.读读评评——从例文中总结规则

> 阅读下面的文章，总结出议论文的结构模式，并看看该文在分论点的设置上是如何体现并列式结构议论文的要求的？
>
> ### 成功源于坚持的力量
>
> 考生作文
>
> 微不足道的沙砾要经历痛苦，才能变成价值连城的珍珠，靠的是坚持的力量；展翅飞翔的雄鹰要经过多次的尝试，才能在空中自由翱翔，靠的是坚持的力量；傲霜斗雪的梅花要经过寒风的磨砺，才能凌寒独自开，靠的也是坚持的力量。经历种种磨难而获得成功的人，靠的又何尝不是坚持的力量？（提出中心论点）
>
> **学习上的成功源于对目标孜孜不倦的坚持。（分论点）**目标是学习的动力，没有目标的学习就像一只迷失方向的大船在茫茫大海漫无目的地行驶。然而，实现伟大的目标需要坚持的力量。（讲道理）襄

翻转课堂与高中语文教学

第周从小为自己设下要为祖国的发展而努力读书的目标，从此，他发奋图强、废寝忘食地读书、常常三更半夜仍未眠。当宿舍里的灯被关掉时，他就拿着书到厕所附近的路灯下看。长大后，他从比利时留学归来，为中国生物学发展作出了巨大的贡献。（摆事实）童第周之所以发奋读书，源于他对目标孜孜不倦的坚持。所以说，在学习上要取得成功，就必须坚持自己设下的目标而毫不动摇。（小结）

工作上的成功源于对事业永不言弃的坚持。（分论点）工作是辛苦的，但为什么有的人在同样的事业上能够取得辉煌的成就，而有的人却半途而废，最终一辈子碌碌无为呢？我想成功源于坚持。打开历史的长卷，我们不无发现，名人的成功源于坚持：哥白尼的成功源于他对科学真理的坚持，李白的成功源于他对文学创作的坚持，爱迪生的成功源于他对探究科学不懈的坚持，李时珍的成功源于他对医学研究不倦的坚持。这些名人的成功告诉我们，坚持是他们成功的秘密武器。因此，面对事业的不顺利，只要我们永不言弃地坚持下去，最终会收获成功的累累硕果。

生活上的成功源于对快乐美好向往的坚持。（分论点）每个人难免经历生老病死，只有对快乐总怀着美好向往的人，才是真正懂得生活的人。史铁生面对自己下半身瘫痪的悲惨状况，并没有丧失生活下去的意志，每天推着自己的轮椅到地坛中去感受大自然顽强的生命力。他告诉自己终有一天自己的生活也会像地坛里的生物般美好起来，坚持以快乐的心态去面对病魔的折磨，成功地著出《我与地坛》一书，鼓励千千万万的残疾人快乐生活。史铁生在逆境中坚持对快乐的美好向往，生活终会善待他。

成功源于坚持的力量。面对学习、工作和生活上的种种磨砺，坚持下去吧，因为坚持就会成功，坚持就是胜利！

阅读下面的文章，你认为这篇并列结构议论文的分论点表达有何特色？

成功三重奏

考生作文

我相信，世界上没有人不喜欢成功，但正如切割珍贵的钻石，只拥有经验、技术等某一方面是不够的。我认为，要想成功，就得如切割师所言，具备三点，即经验技术、勇气与抛开杂念。

一重奏，广泛涉猎，潜心钻研，习得丰富的知识与技巧。

常言道："没有金刚钻，别揽瓷器活。"宋濂"天大寒，砚冰坚，手指不可屈伸"，仍坚持读书，才有了丰富的知识，也成为了大学士；李时珍遍探百草，十年如一日潜心钻研，才著出闻名世界的《本草纲目》；无臂钢琴家刘伟同样也是在经历了无数训练后才有了如今惊世的技巧。可见，要想成功，首先就需要刻苦学习知识，潜心钻研以提升自身经验技术。自身条件过硬是为成功奠基的。

二重奏，果敢前行，敢做敢拼，拥有一颗勇敢的心。

机遇对于懦弱者是深坑，对于勇敢者是天梯；机遇对于懦弱者是故步自封的借口，对于勇敢者是大步前行的阶梯。倘若马化腾没有勇气，他又怎么在创业初期，选择投身看似无人问津的即时通信领域，并从此开创了属于自己的商业帝国？倘若小米公司没有勇气，又怎会有其投身低端市场，一举创下效益冠军的奇迹？所以，拥有勇气打开束缚双脚的锁链，才可走向成功。

三重奏，抛开杂念，勿计得失，保持一份纯粹前行的动力。

歌德说："自己最大的敌人永远是自己。"确实，往往阻碍一个人走向成功的正是其自身过多的杂念与忧虑。为什么众多田园诗中，只有陶渊明"采菊东篱下，悠然见南山"获得成功，为人称道？为什么石油大王哈默可以在无人看好的荒地开机钻井？又为什么克林斯曼总能踢入点球而保持纪录？我想正是因为他们心无杂念，并不过多去考虑自己能否成功，做这件事是否有意义，而是不惧失败，一心前行。

可见，习得知识、拥有勇气、抛开杂念，正如一部恢宏交响乐的三个乐章一般，层层切合。只有具备这三个要素时，才可奏出那通往成功的颂歌。所以，让我们牢记这三点，在通往成功的道路上扬帆起航！

下面的文章，在分论点的设置和表达上的突出特点是什么？

爱是一种境界

考生作文

当晨起的朝阳把光芒洒满碧绿的大地，一缕缕的爱温暖了整个世界。世事轮转，爱，也随着历史的河流慢慢积淀，伴着岁月的脚步，成了一种境界。

爱，是一种境界。拥有这种境界，才能让世间洋溢着浓浓的亲情；拥有这种境界，才能在现实生活中演绎出传奇式的忠贞爱情；拥有这种境界，才能让一颗颗赤诚的报国之心，在历史的天空中永远闪烁。

爱，是一种境界，是"母爱深深深几许？引儿思绪阔天地"的伟大。一个经受了巨大磨难的心灵，竟然在母爱的温暖下，渐渐愈合了的伤口。史铁生在轮椅上品读着爱的境界，那一串串穿行于后园寻找他的脚印，是境界的载体；那一句句回响在耳畔劝慰的话语，是境界的旋律；那一滴滴苦涩的泪水，是境界的结晶。成为一种境界的母爱，才能真正凸显其伟大。

爱，是一种境界，是"君当作磐石，妾当作蒲苇，蒲苇纫如丝，磐石无转移"的忠贞。它犹如飞越了千年的蝶，穿行于古老的天空中，演绎出爱的境界——矢志不渝；它犹如宝黛之间的"木石前盟"，在幽静缠绵的心灵深处透出一丝丝凄美，定格为爱的境界——海枯石烂；它更如罗映珍守候丈夫的日日夜夜，在平凡而浓烈的挚爱中，透出爱的境界——不离不弃。成为一种境界的男女之爱，才能穿越时空，创造永恒。

> 　　爱，是一种境界，是"五年归国路，十年两弹成"的赤胆忠心。
> 这种境界充满着崇高和伟大，是一种伟大的民族精神，爱国情操。这
> 种境界是岳飞"壮志饥餐胡虏肉，笑谈渴饮匈奴血"的精忠报国，是
> 陆游暮年高吟"夜阑卧听风吹雨，铁马冰河入梦来"的深沉忧虑。成
> 为一种境界的对祖国的爱，才能使民族更加团结。
> 　　让爱成为一种境界，世间将会充满伟大、永恒、忠诚；
> 　　让爱成为一种境界，社会将会有更多的感动、更多的真情；
> 　　让爱成为一种境界，人类将会永远和谐相处、共创美好未来。

4.试试练练

请模仿上面的并列结构形式，以"阅读与生活"为话题，写一个完整的结构提纲，并尽快发至教师邮箱或班级微信群。

二、课堂教学设计

【教学目标】

①让学生了解并列式结构的概念、模式等知识；

②让学生学会设置并列式结构分论点；

③让学生学会表达并列式结构分论点；

④训练学生的写作能力，培养学生的思维能力和创新精神。

【教学时间】

1学时。

【教学过程】

1.想一想：复习知识

①结合例文《成功源于坚持的力量》，回答：并列式结构的基本模式是什么？回答，展示。

②结合例文《成功源于坚持的力量》，回答：并列式结构分论点设置的基本要求是什么？

明确：运用并列式结构展开论证，要设置分论点；各分论点在同一个层面上，从不同的角度展开议论；分论点一般至少三个，这样论证才能更充分，结构更匀称、工整。

③结合例文《成功三重奏》《爱是一种境界》，回答：并列式结构分论点表达的要求是什么？

明确：分论点句式要整齐，可运用比喻、引用等写作方法。

2.议一议：交流困惑

同学们在实际的写作中对并列结构掌握得怎样呢？我们通过筛选大家所做的练习来深入探讨。（展示学生课前的练习，交流写作中的困惑）

题一：下面分论点之间的关系是并列吗？

例一：

中心论点：阅读成就精彩生活。

分论点：阅读决定一个人的修养与境界；阅读是人类进步的阶梯；书有可浅尝者，有可吞食者。

讨论，点评：并列结构的几个分论点必须在同一层次上。第一个分论点是谈阅读对个人的影响，第二个分论点是谈阅读对人类的影响，第三个分论点是谈怎样阅读。三者不属于同一层次。此外，分论点没有把阅读与生活结合起来。

总结：这是在写并列式结构时常见的毛病——分不开。

题二：下面的分论点与中心论点相关联吗？

例二：

提出论点：阅读是生活必不可少的精神食粮。

分论点：阅读能够开阔人们的眼界；
　　　　　阅读能够陶冶人们的情操；
　　　　　阅读是人们洗涤心灵的一种方式。

讨论，评点：句式不整齐，分论点的角度不一致；没有紧扣中心论点，没有把阅读与生活结合起来。

总结：这是在写并列式结构时常见的毛病——扣不住。

题三：下面的分论点在表达上有什么问题吗？

例三：

> 提出论点：阅读与生活相伴相随，密不可分。
>
> 分论点：阅读，让生活享受惬意；
>
> 　　　　　阅读，让生活聆听教诲；
>
> 　　　　　阅读，让生活拥有激情。
>
> 讨论，评点：分论点设置角度不错，句式工整，但不准确，没有明确表达阅读与生活的关系。可做以下修改：阅读，让我们享受生活的惬意；阅读，让我们聆听生活的教诲；阅读，让我们拥有生活的激情。
>
> 总结：这是在写并列式结构时又一常见的毛病——表不准。

题四：能将下面的分论点表述得雅致一些吗？

例四：

> 提出论点：阅读之于生活非常重要。
>
> 分论点：阅读如同畅用知识的快餐，帮助我们获得生活的经验；
>
> 　　　　　阅读如同对照思想的镜子，帮助我们发现生活的不足；
>
> 　　　　　阅读如同启动思维的引擎，引导我们创造新的生活。
>
> 总结：这也是在写并列式结构时会犯的错误——表不雅。

题五：总结要注意的问题。

①分不开。即从同一角度选择论据，缺乏广度，导致论述重复、单调，论证以偏概全、苍白无力。

②扣不住。不能紧扣论题，偏移、转移论点和偷换论题。

③表不准。分论点表达不够准确。

④表不雅。分论点语言不精练，不雅致。

3.点一点：获得策略

（1）展示解决问题的策略，让学生"连连看"以加深理解

①分得开。要弄清分论点设置的常见层面，划分分论点的角度要有统一标准。

②扣得住。要认真审题，注意紧扣论题。

③表达准。要学会运用准确的语言表达分论点，更好地服务于中心论

点的论述。

④表达雅致。提高语言的运用能力，注意锤炼语言。

（2）重点探究"分得开"策略

> 题一：下面的分论点是按什么标准划分的？
>
> 中心论点：生活离不开阅读。
>
> 分论点：阅读报纸让我们了解新闻，丰富生活经验；
>
> 　　　　阅读时尚杂志让我们了解时尚，跟上生活潮流；
>
> 　　　　阅读烹饪书籍让我们懂得美食，提高生活技能。
>
> 点评：分论点设置角度不错，分类合理。按照阅读对象来分——阅读不同的对象给生活带来不同的便利，标准明晰。
>
> 题二：下面的分论点是从什么方面阐释中心论点的？
>
> 中心论点：爱，是一种境界。
>
> 分论点：爱，是一种境界，是"母爱深深深几许？引儿思绪阔天地"的伟大；
>
> 　　　　爱，是一种境界，是"君当作磐石，妾当作蒲苇，蒲苇纫如丝，磐石无转移"的忠贞；
>
> 　　　　爱，是一种境界，是"五年归国路，十年两弹成"的赤胆忠心。
>
> 点评：从"是什么"的角度，阐述了中心论点里关键概念的内涵，提炼出的分论点从几个不同角度解释了中心论点。
>
> 题三：下面的分论点又是从什么方面阐释中心论点的？
>
> 中心论点：生活离不开阅读。
>
> 分论点：生活离不开阅读，因为阅读能丰富我们的生活经验；
>
> 　　　　生活离不开阅读，因为阅读能提高我们的生活技能；
>
> 　　　　生活离不开阅读，因为阅读能增添我们的生活情趣。
>
> 点评：从"为什么"的角度，对中心论点产生的原因进行分析，提炼分论点。分论点与中心论点构成因果关系。

4.改一改：巩固反馈

> 请同学们回到我们开头的讨论，我们应当怎么办？
>
> ①采用并列结构。
>
> ②如何分得开？是因为____
>
> 　　　　　　　　在于____
>
> ③如何表达得雅致？

5.写一写：形成能力

请根据所修改的提纲，运用所学知识写一篇完整的文章。

【设计理念】

本课采用了翻转课堂的自主学习理念。教师精选两到三篇文章，录制微视频，讲解并列式结构议论文的特点，让学生习得写作规则的概念，见识一些创新的写作例文。学生观看微视频后，尝试以"阅读与生活"为话题，按照所学结构拟写一个提纲，通过网络平台反馈给教师。课堂教学中教师先带领学生复习强调"运用并列式结构展开论证"的规律，然后针对学生练习中出现的典型问题，逐一展开探讨，解决学生在写作中的困难。在此基础上，再让学生练习写作，从而实现教学目标。

【教学效果】

整个教学活动，不只停留在课堂教学这一个环节上，而是将写作教学的指导延伸到课前。通过观看微视频，学生对于并列论证的基本要求和创新形式能获得较为清晰的认识。通过课前的小练习，学生获得这一训练要求的基本技能。课堂教学中，师生共同探讨练习中的不足和需要改进的地方，如此能使学生充分了解和掌握这一写作技巧的要领，掌握写作的策略，更好地完成写作任务。教师将写作知识概念的讲解置于课前，能用有限的课堂教学时间根据学生写作中出现的问题，因势利导地帮助学生掌握写作技巧，形成写作技能，抓住写作指导的关键，有利于引导学生学会写作。

第二节　作文升格技巧的翻转课堂案例

安徽省庐江中学　陈会

一、课堂呈现

考场作文

学生思考以下几篇作文的开头段的写法各有何特点，并思考各个片段是如何扣住中心的。

1.诚信是什么？

老农说，诚信是春天播下的种子，秋天结出的丰硕果实，是汗水滋润中禾苗结出的盈穗在风中摇曳出的交响；

老师说，诚信是推倒了墙变成的桥，是师生间真切的情感纽带，是皎皎白玉兰般纯洁的师生情；

工人说，诚信是国家把工厂交给了我们，是我们辛勤劳作下生产的质高价优的产品；

学生说，诚信是祖国对我们的殷切希望，是我们担起历史大任时对祖国母亲自信的一笑。

每个人都对诚信有不同的诠释，他们都在用自己的实际行动演绎着诚信。

——优秀作文选段

2.如果我是米洛斯的维纳斯我决不舍弃"美貌"；如果我是古希腊的柏拉图我决不舍弃"才学"；如果我是威尼斯的夏洛克我决不舍弃"金钱"……如果我只是我自己，那么我决不舍弃"诚信"。

——优秀作文选段

3.如果说人生是一首壮丽的乐章，那么痛苦就是其中不可缺少的音符；如果说人生是一幅多彩的画卷，那么挫折就是其中不可抹去的色彩；如果说人生是一份凝重的书卷，那么失败就是其中不可忘怀的段落。每个人都会经历风浪，遭遇挫折，陷入痛苦。

——优秀作文选段

讲解：

第一则运用了排比与比喻的手法，化抽象为具体，说明了诚信的内涵，紧扣中心，气势宏大。

第二则用三个"如果"开头的对比假设句构成排比，引出观点，巧妙又精当。

第三则是假设、比喻、排比三者同用，增加文章的文采与说服力。

由此可见，排比句与其他手法的综合运用能增强作文的感染力，从而也更易得到高分。特别是在作文开头，这样的写法能更好地切题，提高文章格调。

二、课前练习

①《坚守》片段：什么是坚守？坚守是自然和社会中，时常能打动我们的一种品质。"凝霜殄异类，卓然见高枝"，这是青松在严寒中的坚守；"墙角一枝梅，凌寒独自开"，这是梅花在冰雪中的坚守；"砍头不要紧，只要主义真"，这是革命烈士对信仰的坚守。

②学生将写好的文段传到网络平台上，教师批阅，对学生的作业进行筛选分类，归纳学生作业的优点与不足，以此作为课堂教学的重点。

三、课堂教学

1.回顾微课明要点

①请学生交流自己学习微课的收获。

②教师总结：排比句与其他手法综合运用到作文之中，可以恰到好处地提升作文质量，使表意更形象，使文章更具感染力。

2.分析作业讲问题

①用多媒体展示部分学生课前作业的写作片段，隐去姓名。全班学生讨论，交流看法。要明确优点与不足。

②教师总结容易陷入的误区：

第一，为手法而用手法，不结合文章观点，运用不当；

第二，排比句各分句之间关系混乱，比如递进不当、并列不当等；

第三，引用名言不当，自创名言，反而影响了表达效果；

第四，只有排比句而缺少与上下文的照应，文章显得生硬，拼凑痕迹明显。

3.现场升格练技巧

让有以上写作问题的学生当堂写，写好后小组交流。小组内学生自主选出一至两篇优秀作品交给教师。

4.佳作共赏增信心

投影学生的现场作品，与之前的问题片段对比，让学生更形象地领悟技巧。

5.活学活用写文章

> 结合文章内容，请运用引用式排比句改写《读书与做人》的开头段。
>
> **读书与做人**
>
> <u>书使人类从野蛮走向了文明，从无知走向大智。读书不仅能教会我们知识，还能教会我们如何做人。</u>
>
> 读书给人以诚信。人是社会性的动物，在人与人的交往之中，"诚信"是必不可少的。读过铁凝的《一千张糖纸》的人应该知道，这篇文章主要讲述了主人公"我"和世香被表姑欺骗的事，故事的结尾是一千张糖纸在天空中飞舞，凌凌乱乱的。孩子的心也被这漫天飞舞的糖纸撕扯着，并且留下了一层抹不去的阴影。读了这篇文章的我心灵为之一震，诚信是多么的重要。从此以后我时刻提醒自己要诚信，这便是读书给我带来的诚信。

读书给人以高尚。"先天下之忧而忧，后天下之乐而乐"，告诉我们要以天下为己任，为天下苍生着想。读书净化了人的心灵，使人们品格高尚。我还读过这样一则故事，英国一位农夫叫弗朗姆，他在田间劳作时从粪坑中奋力救起了一位小男孩。不到几天，一位绅士来到他家对他表示感谢，并希望能培养农夫的儿子弗莱明。十几年后，弗莱明发明了盘尼西林，那位掉进粪坑里的小男孩就是大名鼎鼎的丘吉尔。读了这则故事，我的内心如雨过天晴，一切如新，懂得了什么叫高尚。这便是读书给我带来的高尚。

　　读书给人以自信。曾经一度，我自暴自弃，恨父母怎么不给生个好脑瓜。但在一天无事时，我读到了下面的一段话：有一种石头，原来很普通，有一天人在它身上雕上了龙，刻上了皇帝名讳，它便成了玺。有一颗种子，落在崖壁里，不屈不挠，经历过风雨，成了名松……读过之后，心境由此开阔。人要有自信，正如石头、种子那样相信自己，总有一天也会一举成名。这便是读书给我带来的自信。

　　读书既然给我们带来了那么多有价值的东西，那我们为何不去多读书呢？让我们一起为读书而自豪，一起为读书给我们的人生启迪而自豪，做一个有道德、有文化、有才智的人。

四、学生作业

　　学生将作业上传到网络平台，教师批阅后，做好分类，为下节课备课做准备。

五、微课视频及课堂教学的评价

　　本节微课设计体现了"三步"学生自主学习模式：例文—规则—练习，即教师推荐相关例文，印发至学生，学生自主阅读；教师根据例文制作课件，教授相关的方法技巧，并布置练习；学生观看视频，学习知识技巧，进行训练，并上传至平台。本课第一处采用了"举三反一"的形式，让学生从三个例子中发现规则，理解运用排比开头的妙处；第二处举篇章的例子，让学生深入了解开头运用排比的好处；最后在学生学习的基础上进行迁移训练并进行反馈。课堂教学体现了"四步"课堂教学模式：知识回顾—展示问题—讨论解决—迁移巩固，即复习提问课前所学知识，以便解决课堂问题；展示学生在课前练习出现的问题；教师引导学生讨论，针对问题提出解决的办法；学生运用课堂中获得的解决问题策略，修改自己的练习。这样的写作课堂指导，真正成了解决问题的课堂，真正成了训练学生写作能力的课堂。

第三节 复习课的翻转课堂案例
——以"学会辨析并修改句子搭配不当"为例

安徽省庐江中学 孙家来

一、微课设计

【学习目标】

①了解句子搭配不当的概念及类型；②学会辨析。

【微课内容一】

1.讲析概念

搭配不当。句子是由词和短语组成的，词与词之间的搭配既有一定的规范性，又有一定的约定性，如果违背这些规律，就会出现搭配不当的错误。具体表现为六大类别：

①主谓搭配不当；

②动宾搭配不当；

③主宾搭配不当；

④关联词搭配不当；

⑤修饰语与中心语搭配不当；

⑥两面对一面（或一面对两面）搭配不当。

2.讲析"主谓搭配不当"

①讲析。所谓主谓搭配不当，是指句子的主语和谓语搭配起来不符合常理或者不符合语言习惯。主谓搭配不当主要表现为：谓语不能陈述主语，特别是主语或谓语由并列短语充当，造成部分不搭配。

例如：今年春节期间，这个市的210辆消防车、3000多名官兵，放弃休假，始终坚守在各自执勤的岗位上。

解答：（消防车）官兵……坚守……岗位，"消防车"与"坚守"搭配不当。

再如：这家工厂虽然规模不大，但曾两次荣获省科学大会奖，多次被授予省优质产品称号，产品远销全国各地和东南亚地区。

解答："工厂……被授予省优质产品称号"，"工厂"与"产品称号"搭配不当。

②练习。（2014·安徽高考）报告还显示，成年国民人均电子书的阅读量有所增加，而报刊的阅读率明显减少。

解答：把"阅读率明显减少"改为"阅读率明显下降"。

3.讲析"动宾搭配不当"

①讲析。一是当谓语动词和宾语中心语之间有很长的修饰限定成分，宾语中心语往往会和谓语动词不搭配；二是并列短语充当谓语或宾语时，会出现动词和宾语搭配不当。

例如：近年来，我国加快了高等教育事业发展的速度和规模，高校将进一步扩大招生，并重点建设一批高水平的大学和学科。

解答：加快……速度（和规模），"加快"与"规模"搭配不当。

再如：有关部门及时批评教育和严肃处理了极少数不尊重环卫工人劳动、无理取闹，甚至殴打侮辱环卫工人的事件。

解答：（批评教育和）严肃处理……事件，"批评教育"与"事件"搭配不当。

②练习。下列语句存在动宾搭配不当的问题，请指出并改正。

（2015·广东高考）打车软件为乘客和司机搭建起沟通平台，方便了市民打车，但出租车无论是否使用打车软件，均应遵守运营规则，这样才能维护相关各方的合法权益和合理要求。

解答："维护"不可以搭配"合理要求"，可改为"满足合理要求"。

4.讲析"主宾搭配不当"

讲析。主语和宾语要在意思上和语法上搭配。常见错误：一是同一个句子的主语和宾语搭配不当；二是一个主语带两个以上宾语时，后面的宾语与主语不搭配。

例如：21世纪是知识经济飞速发展并逐步占据世界经济主导地位的年代。

解答："世纪"与"年代"搭配不当，将"年代"改为"时代"。

再如：（2014·重庆高考）现在的重庆夜景，随着光彩工程的实施，现代科技的运用，更加璀璨夺目，已进入世界四大夜景城市之一。

解答："重庆夜景……已进入世界四大夜景城市之一"，主宾搭配不当，把"夜景城市"改为"城市夜景"；另外，"进入……之一"也搭配不当，把"进入"改为"成为"。

5.练习

下列语句存在搭配不当的问题，请指出并改正。

①第二十五届阿姆斯特丹国际纪录片电影节12天里吸引了20多万名观众，来自40多个国家的近2 500名电影人、300多部电影前来参与。

②1999—2011年，我国造林6 643.36万公顷，人工林面积位居世界第一，但是土地沙漠化、植被覆盖率和森林病虫害等依然十分严重，令人担忧。

③市旅游局要求各风景区进一步加强对景区厕所、停车场的建设和管理，整治和引导不文明旅游的各种顽疾和陋习，有效提升景区的服务水平。

④失眠是指因睡眠时间不足、质量不佳对身体产生损害而出现的不舒服的感觉，应对失眠需要了解相关的睡眠卫生知识，进行自我调护。

【微课内容二】

1.讲析"关联词语搭配不当"

讲析。关联词语有其固定的搭配，如"只有"和"才"、"只要"和

"就"等，如果不是如此则会犯搭配不当的毛病。有些关联词和不同的对象搭配，会有不同的意义关系，我们要视意义关系而搭配，否则就会出错。

例如：无论干部和群众，毫无例外，都必须遵守社会主义法治。

解答："无论……和……都"应改为"无论……还是……都"。

再如：不管气候条件和地理环境都极端不利，登山队员仍然克服了困难，胜利地攀登到顶峰。

解答："不管……仍然"应改为"尽管……仍然"。

还如：他们在遇到困难的时候，并没有消沉，而是在大家的信赖和关怀中得到了力量，树立了克服困难的信心。

解答："在……中"应改为"从……中"。

2.讲析"修饰语与中心语搭配不当"

①讲析。主要指修饰或限制语用在中心语前面会造成表达上的不合习惯或不合事理的现象。主要有定语与中心语搭配不当、状语与中心语搭配不当、补语与中心语搭配不当。

例如：某工厂以技术进步为动力，不断致力于新产品、新技术、新工艺、新材料的研制开发。

解答："新技术、新工艺……研制开发"应改为"新技术、新工艺……研究开发"。

再如：你知道每斤蜂蜜中包含蜜蜂的多少劳动吗？据科学家统计，蜜蜂每酿造一斤蜜，大约要采集50万朵的花粉。

解答："50万朵的花粉"应改为"50万朵花的花粉"。

②练习。我国的改革在不断深化，那种什么事情都由政府包揽的现象正在改变，各种社会组织纷纷成立，这有利于社会矛盾和社会责任的分担。

解答："……社会矛盾和社会责任的分担"，其中"矛盾"不能和"分担"搭配，应改为"这有利于社会矛盾的化解和社会责任的分担"。

3.讲析"两面对一面（或一面对两面）搭配不当"

讲析。两面对一面（或一面对两面）搭配不当是指句子前面出现两方面意思的词语（如成败、升降、高低、好坏、优劣、强弱、得失、能否、是否、有无等），后面却只有一方面意思（或"正"或"反"）的词句与之相呼应，或者相反，从而造成前后内容搭配不协调。

例如：在那个民族独立和民族解放斗争风起云涌的时代，能激发人们的爱国热情是评判一部文学作品好坏的非常重要的标准。

解答：两面对一面，前面是"能激发"，后面是"好坏"，对应不周。

再如：每一个学生都具有创新的潜能，要激发这种潜能，就要看能否培养学生自主学习的能力。

解答：一面对两面，应删除"看能否"。

4.练习

下列语句存在搭配不当的问题，请指出并改正。

①在此次重庆市青少年科技创新大赛中，同学们常围在一起相互鼓劲并认真总结得失，赢得的远远不只是比赛的胜负。

②据悉，一种新型的袖珍电脑将亮相本届科博会。它采用语音输入、太阳能供电，具有高雅、时尚、方便、环保的功能和作用。

③尽管你的赠礼多么微薄，但在他心上却像千斤重的砝码。

④培养新世纪的一代新人，不只是学校的事情，而是整个社会的事。

⑤在通往机场的大街两旁站满了数万名欢送的人群。

二、课堂教学设计（以"搭配不当的辨析策略"为例）

【教学目标】
①掌握搭配不当的辨析策略；②辨析并修改"搭配不当"的语病。
【教学过程】

1.复习"搭配不当"的类型

略。

2.讲授"搭配不当"的策略

（1）语感审读

（2）语法检索——先主干后枝叶

识别搭配不当病句，可用语法手段检索，即"主干枝叶梳理法"。先将句子的附加成分去掉，提炼出主干（主、谓、宾），看主、谓、宾搭配是否得当。如果没有问题，再看枝叶与主干搭配是否得当。

（3）特征辨析——看成分、看数量词、看并列短语、看双面词、看关联词、看"是"字句

①看主语、谓语与宾语，判断主宾、主谓、动宾搭配是否有问题；②看句中数量词，检查其是否与中心词搭配不当；③看句中并列短语，检查是否有彼此失应的问题；④看句中双面词语，检查是否有前后失应的问题；⑤看"是"字句，检查是否有动宾搭配不当的问题；⑥看句中关联词语，检查是否有关联词搭配不当的问题。

3.策略运用——学会辨析

例1.截至12月底，我院已经推出了40多次以声光电技术打造的主题鲜明的展览，是建院90年来展览次数最多的一年。

解答：主宾搭配不当，该句主干可压缩为"我院是一年"。

例2.传统文化中的餐桌礼仪是很受重视的，老人常说，看一个人的吃相，往往会暴露他的性格特点和教养情况。

解答：主谓搭配不当，"会暴露"的主语是"吃相"，故删去动词"看"。

例3.在互联网时代，各领域发展都需要速度更快、成本更低的信息网络，网络提速降费能够推动"互联网＋"快速发展和企业广泛受益。

解答：搭配不当，应改为"网络提速降费能够推动'互联网＋'快速发展，使企业广泛受益"。

例4.数字化时代，文字记录方式发生了重大变化，致使很多人提笔忘字。长此以往，将影响到汉字文化能否很好地传承。

解答：一面对两面，将"到"删去，"能否很好地"改为"的"。

例5.为迎接第十三届全国运动会，市容园林系统集中力量营造整洁有序、大气靓丽、优质宜居的城市形象。

解答：搭配不当，将"营造"改为"打造"。

例6.央视《大国工匠》系列节目反响巨大，工匠们精益求精、无私奉献的精神引发了人们广泛而热烈的讨论和思考。

解答：修饰语与中心语搭配不当，"热烈的"与"思考"搭配不当。

例7.要深化对南极地区海冰融化现象和南极上空大气运动过程的认识，就必须扩大科学考察区域，加强科研观测精度，改进实验设计方法。

解答：动宾搭配不当，应将"加强"改为"提高"。

例8."蛟龙"号载人深潜器每年会有近5个月的时间执行深海资源勘察、环境勘探、海底生物研究等各项工作。

解答：搭配不当，可将"工作"改为"任务"，或将"执行"改为"进行"。

例9.今年5月9日是俄罗斯卫国战争胜利70周年，有近30个国家和国际组织的领导人参加了在莫斯科红场举行的阅兵式。

解答：搭配不当，前面主语是"日"，后面宾语是"年"，可在"周年"后加上"纪念日"。表意不明，"近30个"是指"国家和国际组织"还是指"领导人"，有歧义。

三、微课视频及课堂教学的评价

本课体现了复习课翻转课堂的组织模式：观看视频，弄清知识点，尝试练习—检查练习、发现问题—指点答题技巧—运用技巧、解决问题（课堂练习）—变式练习、提升技能。学生将知识讲解进行前置学习，通过视频学习掌握知识，弄清搭配不当的各种类型及相关概念。学生如果一遍听不懂，可以反复学习，并进行巩固练习，然后在线交流。教师收集学生练习中普遍存在的问题，重新设计练习题在课堂上训练，并指点答题技巧。这样的复习课堂就能提升课堂教学的效果，将问题在课堂上解决，最后通过变式训练提升学生的技能。

第四节　文言文阅读的翻转课堂案例
——《鸿门宴》人物形象特点分析

安徽省庐江中学　陈会

一、微课学习——见微知著读刘邦

在古代的史传文学中，最富有史学意义和文学色彩的要数《史记》。在《史记》中，最令人荡气回肠、惊心动魄的是《项羽本纪》。在项羽的生命里，最令人唏嘘的是鸿门宴。天下英雄谁敌手？这是怎样的一场宴席？又是一个怎样的刘邦？让我们在鸿门宴里见微知著，从人物描写中探寻刘邦的形象。

对人物形象特点的探究可以依据描写人物的角度去进行，正面形象可以通过人物的貌、言、行、态、心等方面直接描写，侧面形象可以通过周围人的表现来探究。

从正面角度看，本文人物形象主要是通过对人物言行的描写来表现的。按照情节我们来一一解读刘邦的形象。

第一，刘邦在危急关头，说了三次"奈何？"着实惊慌。可是，他处乱不惊，懂得向部属问计。由此可见他沉着冷静、听纳他人。也许张良也觉得刘邦举动欠妥，问道"谁为大王为此计者"，刘邦说"邹生说我"，意思是浅陋无知的小人给的建议。试想，刘邦会听一个浅陋无知的小人之言吗？显然他是在给自己打圆场，由此可见他圆滑。

得知项伯前来告密，他问道"君安与项伯有故"，可见他的谨慎多疑，对项伯的来历表示怀疑。刘邦多疑的形象可见一斑。

第二，见了项伯，"沛公奉卮酒为寿，约为婚姻"。一个"奉"字，使人想象到刘邦双手举杯的谦恭模样。"约"，结，即结为亲家，好一个刘邦。这是带有联盟性质的政治婚姻。他抓住机遇，抓住了关键人物。可见他懂随机应变、世故老练。

第三，在鸿门宴上，脱逃的机会终于来了。刘邦借口上厕所逃离项营，走之前交代张良，让张良为他献上玉器。有两点要说明，一是他相信张良可以帮他善后，二是他做过精心布置。玉斗象征财富长寿和吉祥如意，白璧则象征尊贵地位和权力，甚至可以代表君王权力。玉斗玉璧不是偶然携带的，送给谁也不是随机分配的，可见刘邦预先仔细研究过对方，对对手对症下药，知道对方想要什么，就满足对方的需求。这就可见他知人善用，心思缜密。

第四，刘邦说"度我至军中，公乃入"。"度"，估计。"乃"，才能。然后，刘邦等人急忙就近抄小路逃之夭夭。可见刘邦委实老谋深算！三管齐下，争取时间、稳住项王、抄近逃命。世界上没有什么比生命更宝贵的了，只有保全了性命，日后才能夺权当皇帝啊。

最后，回去之后"立诛杀曹无伤"，可见他当机立断。

我们再来从他身边的人看。

首先从项羽的角度来看。来者是客，但在座次安排上项羽并没有给予刘邦特殊待遇。宴席的四面座位，以东向最尊，次为南向，再次为北向，西向侍坐。鸿门宴中"项王、项伯东向坐"，是最上位，范增南向坐，是第二位，再次是刘邦，张良则为侍坐。由此可见项羽在刘邦面前的自大，而刘邦虽有称王之心，此时也只能默默接受这个位次了，所谓"大丈夫能屈能伸"。他现在实力不足以抵抗项王，懂得忍辱负重。

再看刘邦的谋士张良。故事中，张良发挥了巨大作用。先是"具告沛公"，向刘邦通报了重要信息；继而出谋献策，引见项伯，离间项营中的班子成员；在宴会上又见机行事，至军门见樊哙，招其入帐保护沛公；最后，沛公让其留谢项王，他一声"谨诺"体现他有谋有勇、临危不惧，对刘邦忠心耿耿。刘邦得如此神助，不也是他知人善用的表现吗？

从项伯、樊哙的反应中也能看出刘邦的这种能力。

在樊哙怒斥项羽的情节中，其实还可以看到一些细节的巧妙。在樊哙闯帐义责项羽的情节中，樊哙是突然出现的，且在鸿门宴中起的作用也很大。刘邦所带的一百多人，人数虽不多，但是作用大。刘邦亲自点兵，自然经过一番考量，知道樊哙对他忠心耿耿，且有勇有谋，能忠心护主，在形势危急时会挺身而出。于是刘邦把樊哙留在帐外，一旦形势有变，就叫他出来"撑场面"。果然，樊哙如刘邦所想。他的说辞——"沛公先破秦入咸阳，毫毛不敢有所近，封闭宫室，还军霸上，以待大王来，故遣将守关者，备他盗出入与非常也"和刘邦所说出奇相似。为什么会这样？只有一个有可能的解释：刘邦和樊哙等人在鸿门宴前曾经私下商量统一口径，设计好说辞。什么人说什么话，做什么事，其实刘邦已预先谋划好了。这个细节恰恰就是刘邦精于谋划的体现。

细读文本，留意人物的每一处言行，可以让我们对人物有深入的了解。学习了分析人物形象特点的方法，请大家课下做两道题目。

一是请大家动手画一画在《鸿门宴》中刘邦的危险系数图，并标注出相关的转折点，注意要语言精练，并思考每一次的化险为夷与刘邦的什么性格特点有关。

二是请大家结合本微课讲解的方法，分析项羽的人物形象特点。本次微课讲解结束。

二、课堂教学设计——《鸿门宴》人物形象特点分析

【教学目标】

①学会通过人物语言、动作等正面描写和侧面描写来分析人物形象，学会辩证客观地看待人物。

②探究个人性格对命运的影响，客观评价历史人物。

【课前准备】

①制作微课《见微知著读刘邦》，讲解探究人物形象特点的方法，并以此法分析刘邦的形象特点。

②设计导学案。学生在学习微课后，完成导学案题目。

③教师总结学生答题情况，归纳问题，制作课件，有针对性地设计课堂学习活动。

【教学步骤】

1.导入，回顾

> 司马迁在《报仁安书》里说，他写《史记》是"亦欲以究天人之际，通古今之变，成一家之言"。在微课预习里，大家已经对探究人物形象特点的方法和刘邦的形象有一定的认识了，今天让我们继续走进《鸿门宴》，看看其他人物形象，让大史学家司马迁告诉我们什么是天人之际、古今之变。

2.一条曲线看命运

活动：展示学生在导学案里画出的刘邦危险系数图，请相关学生讲解自己的思路与认识。

思考：刘邦每一次化险为夷的原因何在？

明确：个人能力、队友协助、对手性格。

3.一张表格析项羽

活动：展示大家对项羽形象的概括，讨论相关概括是否恰当。

明确：

　①常见的问题：

　　　把概述事件误当成概括特点；

　　　多用否定式；

　　　表述过于口语化；

　　　形象单一，纯好或纯坏。

　②应该做到：

　　　关注"自我"和"朋友圈"；

　　　留意细节；

　　　多用形容词评价；

正面评价为主，少用"不……"；

表述文雅，用书面语；

有辩证思维，相信"一人多面"。

4.一种方法练落实

活动：分析其他人物形象。

张良：深谋远虑、处事谨慎、忠心耿耿。

范增：老谋深算、急躁骄横。

樊哙：豪爽勇敢、英武过人、善言应变、有勇有智。

项伯：重义气，无政治头脑。

5.一组表情看锋芒

活动：根据对课文的理解和人物形象特点，请为人物加上适当的表情，要求语言准确，用现代汉语，也可以尝试使用文言文表述。

6.一段美句悟古今

活动：请用一段文字写下本课学习的收获，至少使用一种修辞手法，鼓励多用排比、对偶句。

三、微课视频及课堂教学的评价

微课学习中教师选取文章中典型人物的描写进行分析，概括出人物的性格特点，再抓住刘邦对身边人的态度进行分析，进一步概括人物的性格特点，不仅让学生认识了刘邦这一历史人物，也教会了学生分析鉴赏人物形象的方法。

课堂学习中，通过提问、安排活动加深了学生对人物的了解。在此基础上，让学生运用微课学习欣赏人物的方法分析项羽的形象，这样有利于提升学生的自主学习能力，并总结出学生在鉴赏人物时容易出现的问题，然后进行讨论，得出解决问题的方法，训练了学生鉴赏人物的技能。最后将前面所学的方法运用到赏析其他人物上，既是迁移练习，又是拓展训练，真正发挥了教材的示范作用，达成了教学目标。

第五节　小说阅读的翻转课堂案例

——以《林教头风雪山神庙》为例

安徽省庐江中学　孙家来

一、微课设计

【学习目标】

补述相关内容，为学生解决问题搭建支架，指导学生赏析小说的路径和方法，引导学生阅读文本时发现问题。

【学习过程】

1.补充相关情节资料，为学生探究人物性格的变化和概括作品的主旨提供帮助

①概括介绍《水浒传》。小说以浩大的篇幅，第一次完整地描绘了农民反抗贵族统治的规模宏大的阶级斗争画面。它以磅礴的气势再现了中国封建社会时期被压迫的各阶层聚集反抗的过程。通过各路英雄被"逼上梁山"和一系列"劫富济贫"的故事，塑造了众多的"江湖好汉"的英雄形象，表现了"官逼民反"的鲜明的思想主题。《水浒传》以它精湛的现实主义的创造力量，深刻地揭示了当时尖锐复杂的社会矛盾，彻底暴露了封建统治阶级腐朽残暴的本质，同时也在时代的广度和深度上概括出人民力量不可抗拒的伟大真理和历代农民起义最终不得不归于失败的必然命运。

②介绍与课文相关的情节。林冲原是东京皇家八十万禁军的枪棒教头。权奸高俅的干儿子高衙内看中了他的妻子，几次要霸占其妻都遭到了反抗，因而高俅及其爪牙陆谦、富安设下了重重陷阱，想害死林冲。他们诬陷林冲持刀进入军机重地白虎堂图谋行刺，把他送交开封府发落，结果林冲被判刺配沧州。在监押奔赴沧州途中，公差董超、薛霸受陆谦贿赂，要在野猪林害死林冲，幸而被鲁智深搭救。林冲和鲁智深分手后路过柴进庄院，

受到热情接待。柴进还写信给沧州官府，请求关照林冲。林冲尽管饱受欺压，但是仍然忍气吞声，幻想刑满获释，再回东京，夫妻团圆。《林教头风雪山神庙》节选自《水浒传》第十回，从林冲刺配沧州后写起。这一回主要写高俅步步紧逼对林冲进行迫害，派陆谦火烧林冲刚刚接管的草料场，阴谋害死林冲，这使得这位八十万禁军教头"有家难奔，有国难投"，失掉了最后的安身立命之所，最终破灭了所有的幻想，从原来的逆来顺受、委曲求全，变为一个坚决反抗的英雄。在手刃陆谦之后，他毅然投奔农民起义队伍，走上了"革命"的道路。

2.教授学生赏析作品的路径及方法

①从情节入手进行欣赏。情节，是小说中经过作家精心组织、设计的展现人物活动的一个个事件，是人物性格成长的历史，是表现小说主题的重要手段，体现着作家的艺术匠心。阅读评价小说，首先要注意熟悉并分析它的情节。节选情节安排曲折生动，具有极强的趣味性和艺术性的部分。同学们要认真阅读文本，第一步圈点勾画时间、地点、主要人物和事件，然后概述情节内容；第二步梳理文中的主要人物之间是什么关系，他们的主要矛盾是什么；第三步梳理作者安排情节的线索，厘清情节的各个部分及其之间的关系；第四步探析在情节设置上运用了哪些艺术技法。

②赏析人物是重点。人物形象栩栩如生，性格鲜明是优秀小说必备的要素。人物思想的发展变化不断地牵动着读者内心世界变化。同学们在阅读时要根据情节的发展变化，结合人物处理事情时的语言、行动、心理来探究人物性格，了解人物的人生际遇，把握人物命运。重点要体会主要人物内心的矛盾冲突，以及性格转化的历程。同时在阅读中要融入自己的体验，学会多角度评价人物。

③注意环境描写的作用。人物生活的环境对故事的发展有着重要的影响，人物所生活的时代与人物的性格命运有着密不可分的联系。阅读小说时既要了解故事发生过程中环境的变化对故事情节、人物性格的影响，也要了解故事发生的时代，以及当时的社会现实。环境描写分为自然环境描

写和社会环境描写。阅读小说时要注意有哪些环境描写，体会这些内容对推动情节发展、刻画人物形象、表现主题的作用。学会从文章的情节描述中认识那个时代的社会现实。

3.引导学生阅读文本发现问题

要求学生根据以上指导认真阅读文本，查阅相关资料，写出自己的理解。有疑问可以进行在线交流，组长可以收集本组的问题。

二、课堂教学设计

【教学目标】

①培养学生理解、欣赏本篇小说曲折生动、张弛有致的情节技巧的能力。

②培养学生理解、欣赏本篇小说主要人物——林冲的性格特点，以及学习小说表现技巧的能力。

③了解那个时代社会黑暗腐败的政治现实，认识封建社会人民群众奋起反抗统治者的必然性。

【教学过程】

1.组织学生自主探究

小组交流、汇总。合并相同的问题，解决小组内能解决的问题。上报学生所发现的难以解决的问题。

第一组：

①对许多令自己愤恨的事，就连旁观者都无法忍受，而林冲却忍气吞声，这种"忍"该如何评价？（人物性格）

②作者在写火烧草料场前后多次提到火，这对故事情节的发展和刻画林冲的形象是否有影响？（情节）

③林冲的悲剧性格是什么造成的？（拓展、主题）

④连林冲这样的人都造反，反映了当时怎样的社会现实？（拓展、

主题）

⑤林冲接管草料场，与老军交割的情节，对故事情节的发展有什么作用？（情节）

⑥"街上寻了三五日，不见消耗，林冲也自心下慢了"反映了林冲怎样的性格？在情节的发展中，这样安排有何作用？（人物性格、情节）

第二组：

①李小二与其妻子发现有人要害林冲，其妻子要去告知林冲，而李小二不同意，说"做出事来，须连累了我和你"。这一情节应如何理解？（情节）

②第六自然段中，林冲心存疑虑，但为什么仍然接受了看管草料场的任务？（人物性格）

③林冲性格的发展变化及他所走的道路，有什么现实意义？给了我们什么启发？（主题）

④林冲为什么先杀差拨，再杀富安，最后杀陆虞侯？（人物性格）

⑤林冲遇到李小二后认为自己是罪人，这反映他是个怎样的人？是什么造成了他这种性格？到最后手刃恶贼，又是什么造成了他性格的转变？（人物性格）

⑥林冲是个怎样的人？他有怎样的思想性格？（人物性格）

⑦第二自然段中的两个"闪"字有什么表达效果？（情节）

⑧作者为什么要写风雪？（环境）

⑨第九自然段中店主问林冲从哪来，林冲却问店主可认得那葫芦，当店主说出时，林冲却说"原来如此"，这是为什么？（情节）

第三组：

①官营把林冲调到草料场时，为何要提柴大官人？（情节、人物性格）

②小说为什么写林冲在古庙前顶礼道"神灵庇佑"？文中还写道"天理昭然，佑护善人义士"等，这是否有宣传佛教思想的意图？（可从民族文化、心理等角度去思考）

③开头为什么着重写林冲对李小二有恩？写李小二的故事有何作用？（人物性格、情节）

④第三自然段中写"官营、差拨先去了，次后那两个低着头也去了"，为什么他们不同时离开？这一细节描写有何作用？（情节）

⑤文中两次写到偷听，第一次写得简略，而第二次写得详细，为何要这样安排？（情节）

2.教师根据学生的问题和文本的特点设计学习方案

（1）理解性探究（情节方面的知识，概括的方法，速读的方法）

①谁能概述本文的情节？文中你认为最精彩的情节是哪一部分？

②从中你可以看出林冲是怎样的人？（从情节内容入手分析，用生活经验联想感受）

（穿插解决第二组④⑤⑥三个问题）

③林冲还具有哪些性格特点呢？

（穿插解决第1组①⑥，第三组②和第二组③等问题）

（2）欣赏性探究（知识引路，类比联想，曾学过的文章即已有的知识经验，用生活经验联想感受）

①文章是怎样刻画林冲这一人物形象的？

（穿插解决第一组②⑥两个问题）

②文章在情节设置上有什么特点？

（穿插解决第一组⑤，第二组⑦，第三组①③④⑤等问题）

③文中有多处风雪的描写，其作用是什么？

（穿插解决第二组⑧问题）

（3）拓展性探究（背景知识）

联系《水浒传》相关情节，说说林冲走上反抗道路的思想变化过程及其根源。谈谈你对林冲这一人物形象的看法。

（穿插解决第一组中的相关问题）

三、微课设计及课堂教学的评价

这篇文章的翻转课堂教学，以"方法策略指导型"为主体。教师在微课设计中，根据小说的文体特点以及阅读重难点，为学生提供了一定的背景知识，为学生阅读理解课文提供了一定的帮助。然后教学生阅读路径及方法，这样能调动学生阅读的兴趣，让学生学会自主阅读，将阅读活动和学生的体验活动落到实处，同时也激起学生发现问题、解决问题的兴趣，增强了课堂教学的针对性。

课堂教学设计以指导学生自主发现问题为起点，引导学生对问题进行加工归类。在课堂教学中，教师根据学生提出问题的层级，设计了三个层次的探究解决方案，引导学生逐层探究。在学生解决问题的过程中，教师给予方法的指导，帮助学生理解文本的意义，提升解决问题的能力。

第五章　线上教学的翻转课堂

第一节　线上教学探索

　　线上教育资源的深度开发改变了人们的生活，也改变了教育教学的方式，催生了许多新的产品，也催生了新的教学模式。传统的课堂教学活动无法满足教育发展的要求，线上教学应运而生，这也拓展了我们课题研究的领域。由于笔者所在的课题组成员都掌握了微课制作技术，笔者所主持的工作室根据市教育局要求，录制了公益课程。在学校的号召下，我们也开展了线上教学指导活动。在这些活动中，我们逐渐摸索，将翻转课堂的模式运用于线上教学，也取得了不错的效果。

一、线上教学的发展阶段

　　随着互联网的发展，教育行业在十年前就推广远程教育，通过互联网虚拟教室来实现远程视频授课、电子文档共享，从而让教师与学生在网络上形成授课与学习的互动。而4G时代的来临让学习不仅可以通过笨重的计算机进行，还可以通过便捷的手机等移动终端来进行。随着5G时代的到来、信息技术的进步，互动式的教学服务成为现实，更有助于线上教学。

线上教学的实现不仅是因为信息技术的发展，更是教育发展的内在要求。纵观近几年线上教学的发展，可以归纳为三个阶段。第一阶段，教育主管部门在门户式网站上提供学习资源和讲授精品课程，学校组织教师选择视频让学生在线学习，从学习目的上看主要以传授知识为主；从学习的主客体关系看，主要以教育者为中心；内容上主要以学习资源为主，以网上课件、考题、学习资料、讲授、辅导为表现形式。这一阶段教学的内容共性有余，个性不足，教师与自己的学生交流不足。第二阶段，教育管理部门快速培训一线教师，政府和企业运用网络技术，搭建各类教育平台，让一线教师学会运用各类教育平台授课。通过熟练运用网络技术，教师可以引导学生主动学习。本班的教师运用网络平台对本班学生进行授课，课后可以布置作业。学习者在网络教学实时平台上提交学习作业、讨论交流学习内容，教师可通过学习平台进行反馈。第三阶段，线上教学成为线下教学有益的补充形式。线上教学得到普及，更多的教师学会借助网络来组织教学，拓展线下教学内容。学生也学会通过网络来学习，通过教师推荐的学习平台自主地选择课程弥补线下学习中存在的不足。

二、线上教学的特点

线上教学以网络技术、多媒体技术、移动终端技术为支撑，让师生跨越时空（空间上不再局限于课堂，时间上通过下载、回放实现同步学习或延时学习）学习，使教学变得更加灵活、便捷。它呈现以下四个特点。

1.环境网络化

线上网络化的学习环境，要求师生必须能上网。学生通过电脑、手机等设备进行学习，没有网络及相关设备，教学就无法进行。学习工具主要为机器、平台、软件，教学媒介则是数据信息，如视频、音频、文本等。时空分离，交互方式不再是面对面的人际交互，学生主要跟电脑、电视打交道，要自己阅览、筛查、认知、加工信息。学生具有独立性，驱动方式不再是教师现场组织，以及靠学习任务驱动，而是可以根据自己的学习习惯和需求选择适合自己的学习方式。

2.资源共享化

资源共享化是线上教学的重要特点，在线学习可以汇集大量的优质教育资源，供学生自由选择。知名教师、专家的课程和讲座都可以在线上观看，学生可以从很多在线学习平台下载学习材料，轻松地获取专业领域的知识。不同学校的学生可以共享同一位优秀教师的授课，共同分享教师推送的学习资源。学生之间也能共同分享学习成果。

3.学习自主化

在线学习能很好地实现个性化学习。学生可以根据自己的时间安排学习进度，根据自己的需求、知识背景、个人喜好、学习风格来选择学习内容，有效地增强了学习的针对性。在线学习以收看视频课程为主要方式，因此学生可以根据自己学习的需要，重听或重学部分内容，从而更好地掌握所学内容，并充分巩固学习效果。线上教学须以学生为中心，围绕学生自主学习设计课程。学生一般也是根据自己的学习情况，自主选择学习课程。在线教学以学生拥有自主学习能力为前提，也以学生自主学习能力培养为核心目标。通过线上学习，学生逐渐学会自主安排自己的学习，选择课程内容，提升自己的学习能力。

4.方式交互化

在线教学是通过网络进行交互式学习。学习者可以利用网络工具向教师提问、与同学讨论问题，教学方式多样。在线教学不再局限于学生与教师之间的互动，还可以实现学生之间的互动。通过在线讨论，学习者可以与同学一起探讨问题、合作学习。大家集思广益，会有更多、更好的解决问题的思路和方案。学生之间的相互帮助与协作会大大开阔他们的视野，优化知识结构。此外，在线教育平台还可以利用 AI 技术实现智能辅导，提升学生的学习效果。

三、线上教学实施的现状

线上教学不仅被应用于中小学教育领域，也被应用于高等教育和各行业培训领域。在基础教育领域，线上教学实施现状具有以下五个特点。

1. 网络学习条件基本具备

进行网络学习的工具，如电脑、手机等移动终端都已走入普通家庭，学生的网络学习条件基本具备。通过线上学习的反复培训，学生及家长大都学会了运用网络进行学习，家长也愿意主动利用网络对孩子进行辅导。网络学习的社会氛围也逐渐形成。

2. 在课程内容选择上，教师可以灵活掌握

教师可以以国家课程标准和教材规定为依据开展教学，也可以利用网络资源的便捷性，自主地开发课程内容。例如在学生手头没有教材的情况下，我们工作室结合语文学科特点和形势需求，开发了一组应用文写作的课程，收到了很好的学习效果。教学内容上，线上主要以知识的传授为主，技能性的训练主要靠线下进行。

3. 在教的方式上，主要以听教师的讲授为主

目前线上的教学方式主要为直播或录播，两种方式各有其特点：直播课程，是教师和学生都需要根据统一的安排在指定的时间上课，教师和学生同时进入在线教室，教师进行实时教学。在此过程中，学生可以及时与教师交流，教师可以监督学生学习，引导学生主动学习。录播课程，则是将制作好的视频内容放到平台上，或推送优秀的课程资源链接，如国家课程资源库中的课程，供学生自主学习。录播课不受任何条件限制，特别是不受时间的限制，满足了学生利用碎片化的时间观看的需求。录播课的缺点是无法进行实时监督和互动，学习大多都是学生独立进行，学习效果没

有办法保证。在实际的线上教学中，还是以单向传导为主，学生居于学习的被动方，主要在听讲，因此课堂互动不够。

4.在学习方式上，学生具有一定的自主性

学生一般能够与教师同步学习，如遇突发状况，学生也可以选择延后学习，通过观看回放等方式完成学习任务。学生还可以通过网络选取自己喜欢的课程内容进行学习。学生可以通过网络查找资源解决自己的疑问，在探究中养成独立思考的习惯，培养解决问题的能力。但由于在线学习可以延时学习，可以反复观看，容易让学生产生依赖心理，认为听不明白还可以重学，从而导致学习效率下降，可能会浪费更多时间。在线学习是独立分散式的学习，对于学生的学习能力和自我约束能力要求较高，要求学生能够自我监控。由于缺少教师的现场监督和指导，学生听课容易分神，整体学习易缺少计划性，容易走弯路。

5.在学习反馈上，呈现多样化的特点

学生在作业反馈上呈现新特点，从媒介上看，已脱离纸质作业的形式，可以是图片、音频、视频、Word文档等；在上交形式上，可以是利用平台集中上交，也可以按小组收集，还可以直接提交给教师；在批阅方式上，可以是圈画评判，也可以是语音回复，还可以是文字评价。整体来看，线上反馈比线下交流反馈更为及时、便捷，但也存在缺陷。由于学习资源获取的便捷性，学生可通过网络搜索来获取答案，这致使部分学生养成了不思考的坏习惯。同时学生也会以完成作业为借口，进行玩游戏等与学习无关的活动。

在线教学带来了教学方式的改变，具有许多不同于线下教学的特点，但我们也要认识到其在互动性、师生情感联系等方面所面临的挑战。随着5G、VR等技术的发展，目前在线教学的很多缺点得以改进，为学生提供了更加丰富的学习体验。但其中仍存在许多问题，在新技术出现之前，我们还需要认真研究，科学使用。

四、线上教学的作用

1.缓解线下停教停学的困境

当发生例如灾害性天气时，无法进行线下教学，可以利用线上学习有效地组织教学，保证学校教育不受影响，学校工作有序地开展。学生可以在时空分离的条件下，居家在线学习，解决了线下学生无法到校上课、无法集体上课的困境。

2.线下教学的有益补充

线上教学拥有越来越强的生命力，成为线下教学的有益补充。教师可以利用线上教学开展专题讲座，指导学生的学习方法、计划安排、生涯规划；可以开展在线互动交流，进行答疑解惑；可以提供学习资源，引导学生拓展学习。同时，在线教学也为线下混合式教学的转变提供了准备，为深化核心素养背景下"以学生为中心"、促进有意义的学习和深度学习的教学改革提供契机。

3.假期辅导的有益形式

学校每年都有两个假期，在假期中学生可以参加社会实践活动，可以放松身心，但从学习规律来看，适当巩固课本知识、提高学习能力的学习活动也必不可少，线上教学在这方面有着独特的优势。班主任可以在线上定期召开班会进行假期安全等各方面的指导，科任教师也可以开展假期作业的订正讲解和具有学科特色的学习活动。通过这种方式，可以加强教师与学生的沟通交流，丰富学生的假期生活。

第二节　线上教学的翻转课堂

线上教学已经成为广大师生熟悉的教学方式了，但从线上教学实践来看，这种教学方式也有很明显的不足。一是学生学习氛围不浓。由于学生居家学习，缺少学校、班级的集体学习氛围，很多学生学习自控能力不够，学习积极性不高，投入度不足。二是教师对课堂的监控变弱。相比传统课堂，教师难以直接了解和监管学生线上学习情况，学生长久保持注意力的难度加大，容易分神。三是师生互动受限。过去一个眼神、一个微笑就可以达到的效果，现在"隔空相对"，让教师难以及时捕捉学生有效的反馈。虽然不少平台能够进行在线互动，但受软硬件等条件限制，终究与传统课堂的效果不能相提并论。因此，线上教学要想取得好的效果，需要充分发挥学生学习的主动性、自觉性，需要加强师生的交流。而翻转课堂在调动学生学习的主动性、自觉性方面有着很大的作用。因此，线上教学运用翻转课堂，势在必行，又大有可为。

一、线上翻转课堂的含义及其意义

所谓线上翻转课堂，是线上教学的升级版和加长版，可以称得上"线上教学2.0"，其本质还是将课堂教学的有关内容前移，即运用信息化手段，事先录制微课，放置在学习平台。学生通过观看微课学习相关课程内容，将学习中发现的问题或学习需求反馈给教师。教师根据学生的意见更新课堂教学设计，在线上课堂教学中以解决学生的问题为中心，设计的教学内容以学生为主体，能够有效吸引学生参与。教学中为避免教师单一地讲解，教师要组织学生围绕自己的学习成果来展开讨论，让学生参与到课堂中来，适当地运用技术手段，增强课堂的互动，从而提升教学效果。

1.增强教学的针对性，改变学生被动学习的状态

线上翻转课堂重置了知识传授和能力养成的时间顺序，课前学生可以借助平台通过看讲义、视频和书籍等方式进行自主学习，完成相关练习，记录自己在学习和练习中发现的问题，这不仅改变了线上课堂以教师为中心设计教学内容的状况，增强了教学的针对性，也有利于引导学生掌握自主学习的方法，培养学生自学的能力，提高学生学习的主动性。

2.改变单一的知识灌输，过渡到能力训练

线上的翻转课堂，教师不再占用直播的时间进行简单的知识传授，而是解决学生自学过程中遇到的问题。教师有针对性地答疑解惑，课堂时间学生能更专注于重难点的突破，改变了线上教学普遍存在的"知识灌输"的弊端。教师通过组织学生思考讨论，着眼于解决问题的方法指导和学生解决问题能力的培养。课堂交流探究的过程发挥了学生的主体作用，激发了学生学习的主动性，提高了课堂效率。

3.形成学生参与的学习，增强了趣味性

注意引导学生的参与，使线上课堂有更好的互动。引导学生参与的手段有：第一，在教学设计中，将学生课前的学习成果融入课堂教学中，如将学生课前朗读课文的优秀视频、音频插入课件中，在课堂教学中进行展示等；第二，运用在线互动的技术手段，引导学生在线发言讨论等。线上翻转课堂的课后作业，可以根据网络学习多媒介的特点进行个性化、多元化设计，不但提高了学生课后深入学习的兴趣，更发展了学生知识迁移、问题解决的能力。

总之，实现线上教学翻转课堂能改变线上教学中的单向传导性，增强线上教学的双向互动性，实现从一般以学习资源为中心的在线教学向新的以学习活动为中心的在线教学的转变，使线上教学这一教学模式更具有活力和生命力。

二、线上翻转课堂的实施路径

1.加强课前预习指导，让学生掌握必备知识，自主发现问题

线上课堂学习之前，教师要设计以语文基础知识、课文整体感知、赏析方法、解析策略等为主的前置型学习任务，以及与课堂教学的主要问题有关的练习，这样既能帮助学生自主学习，又方便教师及时了解学情，调整线上教学内容。在线上教学的预习阶段，教师可以巧妙利用媒体资源的

便捷性，借助网络视频和自制微课，帮助学生初步感知课文，开展自主学习。

学生课前的自学，是指教师为学生提供有针对性的课程资料、指导，是有明确任务的自学。教师要注重三个方面的指导：第一要指导学生线下充分预习感知，以预习任务单、微课、视频、资源包等多种形式指导学生自主学习；第二要引导学生以思维导图、视频、音频等多种形式呈现预习过程和结果，引领学生自主建构知识；第三要注意指导学生将学习中发现的问题加以归类，便于再加工和学生自己的课堂学习。

线上教学运用"翻转课堂"式的课前自学能培养学生自学的能力，提高学生学习的主动性。我们以一位刘老师在高考二轮复习时的"小说阅读题型总结"一课的教学为例，来看看其指导自主学习的过程。"小说阅读题型总结"是在一轮复习结束，二轮复习阶段开设的一节总结课。此时，学生对高考小说阅读题型考查的角度有一定的掌握，但在灵活运用方面、在系统性的把握上还有欠缺。这节课的教学重点就是在巩固知识点的基础上，培养学生灵活运用知识的能力和规范答题的习惯。为了检验学生对小说阅读题型相关知识的掌握情况，了解学生的运用水平和答题能力，课前做如下布置：

①制作8分钟左右的微课视频，带领学生回顾近几年高考中小说阅读常考的几个角度，如人物、环境、情节、主题、语言等。

②布置学习任务，完成任务驱动式学习。同学们进行角色转换，做一次出题人，以小说《祝福》为文本，每人至少选择一个常考的考查角度拟一道高考模拟题，并给出参考答案。

③完成作业后，要求学生拍照或将电子版上传至作业平台。

课前教师录制微课进行复习，在学习微课的基础上，布置学习任务，充分落实了让学生自主学习的基本要求，培养了学生自主学习的能力并让其逐渐养成习惯，让线上教学的课前自学落到实处，产生成效。教师通过批改导学案可诊断出学生对这一考点的掌握情况：学生对人物、环境、主题这些角度的题型掌握熟练，问题的设置、答案的组织都很规范，但情节这一角度中的"情节手法及作用"，学生设置的相关问题却不明确、组织的答案也不够全面。语言这一角度学生拟出的问题过于广泛，诸如"《祝福》这篇文章的语言美是怎样体现的？请简要分析"。除此之外，有一些探究题的探究价值也不大。学生作业的情况暴露了学生知识掌握的薄弱点，这些也是课堂教学的重难点。做了这些准备后，以学定教就有了"定"的支点和"教"的落脚点，精准有效的课堂也就能够自然发生。

2.以学生为中心实施教学，提高学生课堂参与度

（1）以学生发现的问题为中心组织教学

我们一直强调教学要以学生为中心，其重要的一点就是教学内容的确定要以学生为中心。翻转课堂教学将传统课堂教学内容前置，更利于学生发现学习中的问题。将这些问题融入课堂教学，让其成为教学内容的一部分，不仅能吸引提出问题者本人的关注，也能吸引其他同学的关注。以"小说阅读题型总结"为例，课前自学是对一轮复习中知识点的回顾。通过让学生出题的方式，检验学生的掌握情况，而课堂教学的重点是展示学生提交的微课学习作业中的问题，然后师生共同探讨，指出学生拟题的不足并加以订正，拓展延伸。如对于"情节手法及作用类、语言类、探究类题型"学生掌握欠佳，在课堂上教师可以直接呈现学生提出的问题和答案，师生一起发现问题。教师结合同类型的高考真题或模拟题进行示范引导，让学生根据教师的示范引导订正、升格。这样学生的探究积极性会更高，课堂效果会更好。

（2）运用学生的学习成果组织教学

学生通过微课学习，自主学习课程的内容，并完成相关练习，然后通过平台反馈给教师。教师可以将优秀的作业或学习成果挑选出来，在课堂教学的适当环节加以展示，这样也能引起学生听课的兴趣，带动更多的学生积极预习，认真完成作业并积极参与到课堂中。例如在教学《春夜宴从弟桃花园序》时，笔者做了课前的学习指导，要求学生学会朗读，理清课

文的结构，就自己喜欢的句子进行鉴赏，并让学生提交作业，形式为音频、图片、文字均可。在课堂教学中，笔者将朗读较流利生动的同学的音频插入课件中进行播放展示；在赏析文章结构、情感脉络时，将学生的思维导图展示出来，或将学生讲解分析的音频播放出来，供同学们分析讨论；在赏析语言时，展示学生课前录制的赏析性文字的音频，再进行讲授。这样，教学形式新颖，学生参与度高，笔者的这节课荣获了"语文报杯公益活动在线优质课"全国一等奖。

（3）运用技术手段增强课堂互动交流

第一，借助交互面板，适时交流研讨。教师在授课过程中，对于有讨论价值的问题，可以引导学生在互动面板上写下自己的观点与思考，促使学生以文字形式在互动面板上展开"争辩"。在学生研讨思辨的过程中，教师可根据学生的回答适时补充与总结。例如，"小说阅读题型总结"一课中对于"情节手法及作用类、语言类、探究类题型"的回答，就可让学生在课堂升格后将当堂拟出的问题和答案，通过互动面板直接提交探讨。这样不仅能帮助绝大多数同学解决问题，课程的重难点也得到了落实。学生参与订正、升格，加强了线上教学的互动性，调动了学生学习的主动性，发挥了学生的主体作用。这样学生线上教学的参与性就会得到极大的提高。

第二，利用连麦平台，展示思考成果。直播平台上持续出现某个教师的面容和声音，容易使学生产生疲劳。讲授时，教师可利用学生资源，设置学生连麦等环节，鼓励学生连麦或直接发起直播，向大家展示自己的思考成果。直播过程中，教师可以提出问题，点名学生连麦回答，学生也可以申请连麦回答。通过语音互动，使得氛围自然亲切，有利于情感交流和让教师更好地了解学生学习的现状及水平。通过及时追问、讨论，可以把问题引向广泛和深入。这样的方式接近线下课堂情境，可以获得较好的互动效果。

第三，灵活运用多种形式，增添课堂活力。除了上述技术外，我们还可以灵活运用多种媒介，多样化地进行互动交流。我们可以用较为简洁的符号，如字母和数字进行互动。对于选择、判断这类题型，则可采用让学生在屏幕上回复字母或数字的形式回答，这样更直观醒目，便于教师和学生了解同学们的答案，从而把握学生对学习内容的掌握情况，省时高效。我们可以多平台交互使用，例如利用钉钉直播。学生也可以将问题答案发送至微信群，教师可以在电脑屏幕上实时呈现，达到现场交流的效果，这样虽然隔着屏幕教师也能极大地调动学生学习的积极性。学生虽然处在独立的学习环境中，也能心中有集体，将全部精力投入课堂中，而不是只用耳朵听。

通过互动环节留住学生的注意力，这是改变在线学习单向传导的关键。在线上翻转课堂的学习过程中，我们要做到多种学习方式的融合交替，而不是用一种技术或手段全程控制。教师要结合学生需求，兼顾不同教学内容设计互动学习方式，做出合理选择。

3.做好课后建构，发展高阶能力

采用翻转课堂，学生遇到的问题基本可以在课堂上得到解决，而在解决问题的过程中也训练了学生的能力。但能力的形成还需要巩固与强化，因此，课后的作业设计、训练形式和评价方式都要加以改变和优化。

（1）作业设计要科学化

①高阶性。翻转课堂的学习，是以培养学生解决问题的能力为目标的，在课堂学习中已教会学生解决问题的方法，训练了学生解决问题的技能。因此，课后的作业设计，不仅应有利于前期学习的巩固和强化，而且应能促进学生解决复杂问题综合能力的提升和高级思维的发展。具体说，作业的设计要能培养学生的发散性思维，即能从多角度来思考问题，寻求解决问题的答案；要能培养学生的聚合思维能力，即能从大量的材料中总结出规律性的东西；还要能培养学生的创新思维能力，即在原有思考的基础上产生新的想法的能力。例如在进行阅读训练时，阅读的设题要能让学生从多角度回答，要能让他们阐述各要点之间的联系，要使学生能超越文本，联系实际作答。

②学科性。充分利用网络学习资源丰富、可视化学习等特点，将语文

学科以培养读写能力为目标的特性展现出来。例如，可以推送与课堂教学主题相关的文本链接让学生阅读，推送名家文章让学生去探究，在这样的训练中促进学生读的技能的提升。再如，可以播放视频资料，让学生锻炼朗读，或播放新闻视频让学生写下自己的思考等，训练学生在特定情形下的口语表达能力和写作技能。

③有个性。针对学生不同层次的需求，以多样化的作业设计为保证，确保训练有针对性，使每个学生都得到发展，逐步提高学生的高阶能力。

（2）训练形式要多元化

为了满足不同学生的需求、符合不同教学内容的需要，训练形式应当多样化。第一，巩固性训练，紧扣微课学习和课堂训练的内容，进行迁移训练，训练内容与前期学习相似性高，以达到强化的效果。第二，可以是变式练习，训练相同的规则、技能，改变训练的材料、训练的形式，以提高学生灵活运用所学规则的能力。第三，可以是综合性训练，将几个课时学习到的技能综合到一个训练题中，考查学生综合运用多项技能解决问题的能力。第四，可以是扩展性训练，在线上教学过程中，电子资料的运用更为便捷，特别是语文学科需要广泛的阅读材料。教师可将网络阅读资源与学生学过的知识连接，促进学生对知识的深度挖掘。例如在学习《我与地坛》时，可以布置学生在线阅读课本没有节选的其他五个章节，让学生全面深入探讨史铁生对生命的看法以及他散文的语言风格等。第五，可以是创新性训练，在课堂教学的基础上，引导学生结合所学知识、技能，在读写方面产生自己独到的感悟，学会运用自己的语言进行表达，在技能运用上有突破、思维观念上有创新。例如在线上教学过程中，将时事热点引入读写训练。每周通过网络提前筛选各类时文，供学生线上自主阅读。自主阅读前，教师提前设计几个问题，让学生带着问题线上讨论，最后形成书面材料上传，激发学生对当下社会问题的思考。此外，作业的成果要突破传统的以文字为主的形式，音频、视频、图片等形式均可使用。

（3）评价方式要多样化

不仅要重视总结性评价，更要重视形成性评价。总结性评价，是对学生学习结果的评价，一般为量化打分。通过对学生作业的量化评判，能够让他们对自己的学习结果有一个了解，或发现问题，从而矫正自己的学习行为；或得到激励，获得学习的动力。形成性评价，更关注学生的学习过程，注重从学习方法、学习态度、学习习惯等方面去展开评价。由于语文学科的特点，答案并不像自然科学那样精准，同时由于网络学习，师生分离，一般来说，学生在学习中对形成性评价的需要比对总结性评价更为迫切。因此在网络学习中，形成性评价对学生学习过程及效果的影响比总结性评价更大。我们可以从学习方法上去评价，其主要内容是了解并识别学生采用的学习方法和策略，并在此基础上对其进行评价，如搜集材料的策略上，得到的材料是否典型；答题的思路上，思路的发散性、周密性如何；语言的组织上，是否使用专业术语、是否流畅等。对好的策略、方法给予鼓励并进行推广，及时指出学习方法中存在的问题，并提出恰当的建议，便于纠正。学习态度、习惯也是影响学生学习效果的重要因素。评价要指出是否有负责的精神，是否认真回答问题，书写是否工整等。在评价过程中，还可以适当运用激励机制，如批改学生每天上传的作业后，教师选出各班的优秀作业分享在钉钉群中，给予相关学生以肯定与激励。

4.采用自评、互评和师评相结合的方式

（1）学生自评

学生自评即自我评价，自己对自己进行评价，自己给自己打分。教师可以将评价标准发到群中，学生对照标准对自己的作业进行评价，然后通过提交学习小结、写学习心得体会或者填写"自我评价表"等方式进行反馈。学生自评不仅给学生提供回顾和反省学习过程的机会，也给教师开展教学和辅导提供了一个重要的参考。

（2）同学互评

由于线上教学弱化了教师的作用，因此在作业评价环节要设计互评机制，即在同学之间建立一种开放的、互信的评价机制。教师引导学生建立互助学习小组，在小组中，学生既能解决自主学习中遇到的问题，也能互

相评改作业。互助小组内的同学可建立学习群，如钉钉群、微信群、QQ群等，在群内开展质疑、讨论。在评价环节，教师拟定评价标准或评价量表，由组长组织评价，并对小组评价进行总结反馈。既可以组内评价，也可以跨组评价。这样既让同学们相互了解大家的答题情况，也让每个同学自己的作业得到评判，同时也为教师的教学提供帮助。

（3）教师评价

在线上教学中，教师角色发生了转变。他们既是学生学习的辅导者，又是学生的学习伙伴，还是学生的学习顾问。因而，教师应利用这种角色，充分发挥自身作用，对学生的学习活动进行评价和引导，使教师的评价成为学生学习的推动器和指南针。教师评价可以是事件驱动，如学生表现出某方面的进步，教师就可借此奖励，让学生再增添信心、获得学习动力；也可以是信息驱动，如在查看了学生近期的学习情况后给出一次小结性评价；还可以是任务驱动，如阶段性考评后给出一个综合性的评价。

总之，线上教学将成为未来教学的一种主要形态，随着智能化技术的进步，其将发挥线下教学无法取代的作用。线上翻转课堂教学将使线上教学更加优化，必将大有可为、大有作为。

第三节　线上教学案例

这里收集了学生居家学习期间，没有教材、没有安排统一的线上课程时，笔者所在工作室开发的一组以应用写作指导为目标的线上课程。通过这一组课程，我们可以看出线上学习以学习资源为中心的特点。这里选取了其中两则案例。

时评的写作
安徽省庐江中学　陈会

【教学目标】

①掌握时评的特点、写作结构、立意角度，学会时评写作的方法；

②引领学生关注时事，理性思考新闻意义，弘扬社会正能量，激浊扬清。

【教学重点】

通过观看央视主持人大赛的即兴时评比赛环节，分析时评文稿，理清思路，探索规律，学习时评写作结构和深刻立意的方法。

【教学素材】

①央视主持人大赛即兴时评比赛环节视频；

②时事新闻资料。

【教学过程】

1.知时评

（1）是什么

时评就是针对时下新闻发表看法，属于评论性文章，即时事评论。它往往将社会生活中的种种现象作为评论的对象，上至国家大事，下到凡人琐事，作者有感而发，从而作出深刻评论。它可以是对先进的新生事物的赞颂、褒扬，也可以是对落后丑恶现象的批评、鞭挞，还可以是就某一社会问题进行分析，阐发某种具有现实意义的道理。

（2）评什么

就事论事：评新闻人物、新闻事实。

就事论理：透过新闻事实看本质，揭示道理、规律，升华现实意义，表达态度。

2.析时评

（1）观视频

观看央视主持人大赛即兴时评比赛环节冠军邹韵的参赛视频。

（2）析构思

分析文稿的思路，探究写作规律。

文稿：

　　今天我们要说的是一个人，一位老人，甚至有人管他叫作"硬核老头"。

原因很简单。平时我们在坐地铁、坐公交的时候呢，看到老人我们会自觉地起立让座，但是这位老人却很特别，在身上写了"勿需让座"。他对于年轻人的这种关照和心疼，也真的很让人动容。

　　但是在我看来，能够让这个民族经历五千年的风霜，很重要的一个原因，就是我们有很多大智慧的、高贵的、复杂的精神，而其中，尊老爱幼是很重要的一个（组成部分）。

　　刘增盛老人给我们这些年轻人让座，这是一种情分，而我们这些晚辈给像刘增盛这样的老人去让座，给他们更多的关注，是一种本分。也正是这种情分和本分的相互交融，让我们的社会得以发展。

　　（他）身上的那个红红的灯，是让我们给予老人更多关注的一种提示。也正是老人对我们的心疼和关照，让我们对于向真、向善、向美的生活有更多的期待和憧憬。

（3）分析思路

引用素材、引出话题—分析材料、点出本质—议论意义、点明主题—联系现实、升华主题。

（4）小结

五字法：引、点、析、联、结。

3. 评时评

（1）观视频

分别观看央视主持人大赛即兴时评环节周瑜和田靖华的参赛视频。

（2）评时评

分析文稿的思路，探究提升方法。

文稿一：

　　今天的《新闻面孔》，我们来认识一位被"吐槽"的警察。吐槽他的不是别人，就是他的太太。因为前一段时间，在迎战"利奇马"的过程中，宁继勇在防汛的现场一待待了十多个小时。自己的家里也在辖区内漏水了，可是他一点都没有顾上，太太不得不吐槽了一下他。

第五章　线上教学的翻转课堂 ▲

135

其实这样的人我们见了很多，而这样的人，他并不是万能的。可是在这样的灾难现场，没有他们却是万万不能，他们甚至都变成了"超人"。为什么？因为他们穿了这样一身制服。

这样的人在我们身边有很多，我小时候就常常吐槽我妈。她是一位医生，我常常会在凌晨两三点的时候，听到家门"铛"的一声。在早上起来就发现，桌子上有张纸条："姑娘自己做早饭，上学的时候把门给带好了。"

这些人看起来很普通，但他们却诠释了一个职业人该有的那份职责。

我们每一个人都有这样的机会，当我们穿上自己的制服，站在属于自己的那个战场上的时候，把自己的职责尽好，那就是让我们变成身边的人的"保护神"的最好的机会，就像宁继勇一样。

点评：引用素材、评议现象、点明本质、联系现实、升华总结。思路清晰，立意深刻。

文稿二：

大家好，欢迎收看《新闻夜班车》。咱们中国啊，讲究"民以食为天"，所以今天想跟大家聊聊吃饭的事。先问大家一个问题，今天午餐，您是在哪儿吃的？是在家里的饭桌前，还是在饭店里？

我们的这位彝族小伙阿依布布，却是在高空电缆上吃下了今天的不知道是第几顿工作餐。恐高如我，从图片中看下去依然是心惊胆战。但是我们却可以看到一个细节，我们的这位彝族小伙是面带着微笑，吃下了他的一餐一饭。

可能当万家灯火亮起，当我们坐在家里的餐桌前，跟家人把酒言欢，共享天伦之乐的时候，可能有很多这样保障电力供应的电力人员，有很多保障饮水安全的工作人员，甚至有保障我们生命财产安全的警察，正在一个个艰难困苦的工作环境中吃下了今天的工作餐。所以我想说，辛苦你们了。正是有你们的保障，才能让我们享受到最好的美食。

我们也希望他们都能够跟家人吃上一个团圆饭。

点评：思路清晰、立意不高。引出话题、引用素材、延伸事实、总结抒情。应点明人物品质，结合时代背景，阐述深刻的时代意义。

（3）小结

时评要就事论理写深刻，要学会从背景、原因、精神、意义的角度挖掘新闻价值，做到立意高深。

4.练时评

请思考下面新闻的评论角度。

疫情突发之际，早已功成名就、应该享受自己晚年退休生活的84岁的钟南山院士再次临危受命，义无反顾地奔赴武汉病区一线。

1月18日下午，正在广东省卫健委开会的钟南山，接到通知马上坐上高铁，赶赴武汉。翻了大半天资料后，钟院士摘下眼镜，抱着双手，闭上眼睛，缓解一下疲劳。此时的他，看似闭目养神，实则紧锁眉头。某媒体悄悄拍下了这张照片。

【评论角度：以天下为己任、敢于担当、舍小我顾大我、知识改变世界。】

【课例点评】

这节课充分发挥了线上课程获取信息便捷的特点，选取央视主持人大赛即兴时评的材料作为典型范例，并从中总结出写作时评的结构规律，具有代表性，学生乐学易学。同时注意在线学习可视化的特点，播放视频材料，学生边听边思考，运用直观的教学手段，也能激发学生学习的兴趣。材料新颖，资源丰富，符合当时形势需要，教学内容恰当。不足就是课程仍以教师的讲授为主，互动性不够。

演讲稿的写作

安徽省肥东一中 刘奇云

【教学目标】

①了解演讲稿的概念以及写作演讲稿的注意事项、写作要求，学会写作演讲稿；

②引导学生学会关注现实、明辨是非，并用恰当的文体正确表达思想。

【教学过程】

1.导入

> 同学们好！自全国抗击疫情以来，新闻媒体就在持续报道抗击疫情的实时动态，从这些新闻中，我们看到无数人在为祖国为人民拼命。他们一次次上演"最美逆行"，那一幅幅感人的画面，那一个个暖人的瞬间，都是激励我们共渡难关的硬核力量。

2.演讲和演讲稿

（1）什么是演讲

演讲又叫讲演或演说，是指在公众场合，以有声语言为主要手段，以体态语言为辅助手段，针对某个具体问题，鲜明、完整地发表自己的见解和主张，阐明事理或抒发情感，进行宣传鼓动的一种语言交际活动。

（2）什么是演讲稿

演讲稿也叫演讲词，是演讲的依据，是对演讲内容和形式的规范和提示，体现演讲的目的和手段。

3.演讲稿的写作

（1）演讲稿写作时需要避免的问题

①除去开头和结尾，怎么看都不像是演讲稿——有表无里；

②没有针对性和代入感，互动性弱，看不出是在什么情境下的演讲——目中无人；

③文章情感较平，没有感染力和鼓动性，不能带动听众的情绪——心

如止水；

④语言过于公文化和新闻化，忽略了听众对演讲词的理解力——曲高和寡。

（2）演讲稿的写作要求（格式、内容）

①副标题、称谓、结束语；

②代入感和鼓动性；

③说理深刻；

④语言通俗。

4.范文示例指导

（1）认真阅读原文

智者至　谣言止

亲爱的复兴中学的同学们：

大家好！很荣幸能有机会在校园网上给大家演讲，今天我演讲的题目是《智者至　谣言止》。

相信同学们近来都十分关注疫情的相关新闻，亲眼看到了社会各界的众志成城、群策群力。我们都因这些奋勇前行的身影而感动。而与此同时，不知道大家有没有发现一个现象，在这非常时期，却有人为了博眼球，无端造谣传谣，引发社会恐慌，严重扰乱公共秩序，影响抗击疫情大局。面对这样不良的社会现象，我希望能和同学们一起做一个不造谣不信谣不传谣的智者。

首先，谣言也是"疫情"。疫情暴发以来，五花八门的谣言满天飞。疫情当前，编造虚假信息，干扰正当渠道、权威信息的发布，破坏全社会抗击疫情所付出的心血和努力，无异于另一种猛烈的"传染病"。"谣言疫情"作为疫情的"次生灾害"，易引发恐慌、动摇民心，我们怎么能置若罔闻？中学生肩负着保卫祖国的使命，应该对此有足够的认识。

其次，防谣也是防疫。保持对信息的敏感固然是一件好事，亲友之间建个微信群，做到资源共享、相互提醒也无可厚非，但也要避免谣言乘虚而入，因为谣言会催生恐慌，恐慌又反过来成为谣言的助力，如果置之不管，势必形成恶性循环。而当前正是全社会团结一心、全力抗击疫情的紧要时刻，越是这个时候，越不能容忍"谣言惑众"。在这个意义上，打击网络"谣言疫情"，就是一场"线上防疫战"。打好这场"线上防疫战"，不给任何谣言以可乘之机，共同营造良好的舆论生态，是抗击疫情的坚强后盾，也是保证抗疫胜利的重要一环。

最后，止谣需要智者。针对当前的形势，政府已经开始强化舆论引导，加强有关政策措施宣传解读工作，许多政府网站还开通了辟谣平台，满足人们的信息需求，积极回应社会关切，让事实透明，最大限度地避免或减少公众猜测。一些"网络大V"也没有袖手旁观，他们基于自己的知名度和话语权，在疫情防控宣传方面起到"意见领袖"的重要作用，做正能量的倡导者和践行者。那这时我们中学生应该怎么做呢？我们中学生也是网民，我们也许不能去救援一线参与奋战，但是我们可以为国家的信息安全贡献自己的力量。我们要扎紧心防的篱笆，遇事多想多求证，不能听之信之传之，莫听谣言四起，相信眼见为实，真正让谣言止于源头。

抗击疫情，你我责无旁贷；凝心聚力，方能共克时艰。在打赢疫情阻击战的关键时刻，每一个人都应该不当绅士当战士，坚决与谣言作斗争，面对网络中传播的不实信息，始终保持冷静和理性，提高警惕和识别的能力，营造良好的舆论生态。同学们，让专业人士、医务人员在"冲锋陷阵"时心中无忧，是我们每一个普通人的职责啊！我的演讲到此结束，谢谢大家！

（2）思考并总结范文在写作上的特点，教师结合例文加以点拨

5.布置作业

经过科普，很多民众都已经认识到：飞沫传播是新型冠状病毒的主要传播途径，此外接触也可造成传播。尽管如此，仍有一些人充耳不闻、我行我素，餐照样聚、门照样串。在近日各地的官方通报中，不断增加的聚

集性病例引发广泛关注。流行病学专家多次呼吁社会公众疫情期间不要聚会，尽量减少聚集性活动。假如你参与了振华中学团委与学生会联合举办的"不聚集、勤防护"主题演讲活动，请你写一篇不少于800字的演讲稿。

【课例点评】

该线上课程紧扣现实问题，易引发学生思考，并引导学生选用合适的文体来表达自己的观点，将写作内容与写作文体结合在一起，目的性强。将写作中存在的问题和写作此文体的正确要求结合起来，简明扼要，抓住了重点。讲授过程中教师通过选取自己写作的范文作典型例文，有针对性，学生易懂易学。但这堂课是典型的以讲授为主的单向传导课程，缺少互动性。

第四节　线上翻转课堂案例

一、案例一

指导自主拟题解题　归纳小说阅读答题

安徽省庐江中学　刘海艳

【教学目标】

①熟悉并尝试拟出小说阅读的各类题型；

②学习并掌握小说阅读各类题型的解题思路与解题方法；

③规范回答小说阅读的各类题型。

【教学重点】

①学习并掌握小说阅读各类题型的解题思路与解题方法；

②规范回答小说阅读的各类题型。

【教学难点】

①熟悉并尝试拟出小说阅读的各类题型；

②学习并掌握小说阅读各类题型的解题思路与解题方法。

【教学过程】

1.微课学习

（1）考情分析

高考小说阅读，均是紧紧围绕情节、人物、环境、主题来命题的。因此，在解答小说阅读题时，如何在读文时有意识、有技巧地关注这四大命题点至关重要。具体来说，可以遵循以下四步法：第一步，切分层次，厘清情节；第二步，关注描写，认识人物；第三步，分析环境，思考作用；第四步，多方联系，获取主旨。

（2）讲授各考点的题型设计

①情节类常考题：情节梳理题，情节手法题，情节作用题；

②形象类常考题：概括人物形象特点，鉴赏塑造人物形象的手法，分析形象（物象及人物形象）的作用；

③环境类常考题：概括环境特点，分析环境描写作用；

④语言类常考题：理解重要语句含义，品味语言艺术；

⑤标题、主题与文体特征类常考题："历史与现实"交织手法的分析，"科学与幻想"的理解，"故事与新编"的解读。

（3）真题简析

第一类：情节类常考题。

①情节梳理题。如：（2018年·全国Ⅲ卷）《微纪元》中的"请简要剖析文中先行者的心理变化过程"，（2021年·全国乙卷）《秦琼卖马》中的"买卖瓷盘的过程中，杨成岳心理上发生了哪些变化？请结合作品简要说明"。

②情节手法题。如：（2020年·浙江卷）《雪》中的"作者用了哪些手法使小说结构紧凑"。

③情节作用题。如：（2019年·全国Ⅲ卷）《到梨花屯去》中的"两个乘客为什么沉默？小说为什么首尾均有这一细节？请结合全文分析"。再如：（2021年·全国乙卷）《秦琼卖马》中的"王超杰为什么选择《秦琼卖

马》的唱段，且唱得壮气不足？请简要分析"。此类题型巧妙地将情节和人物形象结合。

第二类：形象类常考题。

①概括人物形象特点。如：（2020年·全国Ⅰ卷）《越野滑雪》中的"两人在喝完酒离开客栈，有一段再相约的对话，请结合上下文分析对话者的心理"，（2018年·全国Ⅲ卷）《微纪元》中对先行者心理变化过程的考查，（2021年·全国乙卷）《秦琼卖马》中对于杨成岳心理变化的分析，都是围绕人物的心理描写进行考查的，又巧妙地与情节相结合。因此，把握人物的心理活动过程，是我们把握高考命题的重点之一。

②鉴赏塑造人物形象的手法。如：（2019年·全国Ⅱ卷）《小步舞》中的"请以老舞蹈师形象为例，谈谈小说塑造人物形象时运用了哪些表现手法"，（2019年·全国Ⅰ卷）《理水》中的"请谈谈本文是如何具体塑造这样的'中国的脊梁'的"。

③分析形象（物象及人物形象）的作用。

第三类：环境类常考题。

①概括环境特点。如：（2018年·江苏卷）《小哥儿俩》中的"小哥儿俩是在什么样的家庭环境中成长的？请简要分析"。

②分析环境描写作用。如：（2019年·全国Ⅱ卷）《小步舞》中的"小说中的卢森堡公园苗圃在情节发展中有重要作用，这种作用体现在哪些方面？请结合作品简要分析"，（2019年·全国Ⅲ卷）《到梨花屯去》中的"小说中有多处景物描写，请分析其功能"，都是在围绕"环境"这一要素命题。

第四类：语言类常考题。

①理解重要语句。（2020年·新高考Ⅱ卷）《大师》（节选）中的"父亲说'我们下棋是下棋'，怎样理解这句话？请结合全文具体分析"。

②品味语言艺术。如：（2021年·浙江卷）《麦子》中的"赏析文中画线部分比喻、象征手法的艺术效果"。

第五类：标题类常考题。

如：（2019年·浙江卷）《呼兰河传》（节选）中的"如果给本文拟一个标题，你会选'磨坊里外'还是'冯歪嘴子'？为什么？"。

（4）作业

请同学们以《祝福》为文本，从人物、环境、情节、主题、语言、标题等高考命题的角度中，任选两个角度拟两个题目，并给出"标准答案"。拟好后发至学习小组群，大家讨论后推荐优秀作品发给教师。

2.新课学习

（1）考情研读

①高考小说命题题型稳定，采用主客观相结合的方式；

②命题角度：人物、环境、情节、主题、语言、标题等。

（2）展示成果，讨论提升

第一类：环境类命题展示、讨论。

第一步，展示学生的成果。

问题：文中多次写"雪"，有什么作用？

答案：①第一次是作者初到鲁镇时，"天色愈阴暗了，……雪花大的有梅花那么大，满天飞舞……"此处作者着力写雪的大而乱，象征鲁镇祝福前夕的忙乱，也渲染"我"心绪的烦乱，为"我明天决计要走"作铺垫。

②第二次是在"我"听闻祥林嫂死讯后，"雪花落在积得厚厚的雪褥上面……"这一段的描写烘托祥林嫂死得凄惨悲凉，也衬托当时"我"深夜神伤的孤寂悲愤。

③第三次是在祝福前夕，祥林嫂不能参与祭祀，"除烧火之外，没有别的事……坐着只看柳妈洗器皿"，而柳妈拿她寻开心。文中看似漫不经心地插入一句"微雪点点地下来了"，这其实是暗示柳妈的话即将给祥林嫂带来巨大的心理阴影，起到暗示情节发展的作用。

④最后一次出现在结尾，"我在蒙胧中，又隐约听到远处爆竹声连绵不断……夹着团团飞舞的雪花，拥抱了全市镇"，文末再次描写雪的大而猛，

寄托作者对亡灵最沉重的哀悼。这种感情与祝福时家家户户的欢乐喜庆格格不入，巨大的反差带给读者强烈的艺术震撼，深化了文章的悲剧主题。

第二步，讨论结果。该同学的答案是按照课文顺序依次作答，从考试的角度看，还可以从环境描写在刻画人物形象、推动情节发展、突出小说主题等方面的作用来作答，这样会更加规范。此外，还可以从以下两方面拟题：小说中环境描写对情节发展（人物形象）的作用，小说开篇（结尾）环境描写的作用。

第二类：人物类命题展示、讨论。

第一步，展示学生的成果。

问题：《祝福》中祥林嫂的性格特点是什么？

答案：①勤劳善良。一直以来她都在辛勤地工作，友善地待人。

②坚韧顽强。祥林嫂在被虐待中有力抗争，试图去挣个做人的权利。

③质朴真诚。年底时她一人承担所有活计，却感到很满足。

第二步，讨论结果。以上的答案与提问不一致，题目应改为"请概括《祝福》中祥林嫂的性格特点"。

其他设题角度：小说细腻地刻画了祥林嫂这个形象，请简要分析祥林嫂是一个怎样的人？

第三步，继续展示学生的成果。

问题：《祝福》中的"我"有什么作用？

答案：①情节上：祥林嫂的一生是通过"我"的所见所闻展现的，"我"是全文的线索，是事件的见证者。

②主题上："我"厌恶封建礼俗，同情祥林嫂，思想具有进步性，但是"我"也有无奈和软弱无能的一面，表现了那时小资产阶级知识分子的局限性，深化了小说的主题。

③艺术效果上："我"的所见所闻，增强了故事的真实性。通过"我"的所感，来抒发情感、发表议论，增强了作品的感染力。

第四步，讨论结果。问题与答案组织一致。其他设题角度：文中的

"我"是个怎样的人，有什么作用？

第三类：主题类命题展示、讨论。

第一步，展示学生的成果。

问题：《祝福》中通过三次祝福场景和祥林嫂行为变化的描写表达了什么样的文章内涵？

答案：①第一次描写的是镇上各家准备祝福的场景。镇上一片热闹而祥林嫂却整日整夜地忙活，通过对比突出了社会阶级的矛盾冲突。

②第二次是对鲁四老爷家祝福的描写。鲁四老爷让祥林嫂失去了为祝福忙碌的权利，打碎了祥林嫂最后的希望，揭示了当时社会冷漠的现实，反映出封建礼教毒害之深。

③第三次通过"我"的感受来描写祝福。祥林嫂的死与鲁镇的热闹气氛形成鲜明的对比，深化了旧社会吃人本质的主题。

第二步，讨论结果。问题与答案组织基本一致。也可以从环境、人物、情节，甚至文中的某一句话等角度设题来考查对作品主题的理解。

第四类：标题类命题展示、讨论。

第一步，展示学生的成果。

问题：小说《祝福》中的主人公祥林嫂是个悲剧人物，但为何作者却以"祝福"为题？

答案：①小说起于祝福，终于祝福，情节的发展与祝福有着密切关系。

②祥林嫂是在祝福中死去的，题为"祝福"就是用祝福的热闹繁忙来反衬祥林嫂的悲剧命运。

③以此做标题，将礼教吃人的本质摆在读者面前，在表达主题方面增强了祥林嫂命运的悲剧性。

第二步，讨论结果。答案组织没有体现要点化的特点，可以从情节发展、人物命运、作品主题等方面依次作答。也可以这样设题：小说以"祝福"为标题，有什么寓意？请结合全文简要分析。

第五类：语言类命题展示、讨论。

第一步，展示学生的成果。

问题：小说开篇写鲁镇的祝福"年年如此，家家如此""今年自然也如此"之类的词语描述鲁镇祝福的历史，这样写的作用是什么？试简要分析。

答案：①这些词语含蓄而有讽刺意味地指出，封建势力和封建迷信思想对农村的统治依旧。

②同时揭示出祥林嫂悲剧的社会根源，预示了祥林嫂悲剧的必然性。

③年底祝福的忙碌情景与祥林嫂的境遇形成鲜明对比，凸显了小说的主旨。

第二步，讨论结果。此答案不够规范，答语言欣赏类题目先要结合课文解释这些语句的含义，再分析它们在展现人物命运、表现主题等方面的作用。也可以从词语、语句的含义、语言风格赏析等角度设题。

第六类：情节类命题展示、讨论。

第一步，展示学生的成果。

问题：小说把祥林嫂的死放在前面叙述，后面回忆祥林嫂的生活片段，作者这样安排有什么用意？请结合全文谈谈你的看法。

答案：①先写故事结局，而后按时间顺序描写祥林嫂一生，采用倒叙方法避免了平铺直叙，增强了文章的表达效果。

②渲染悲剧氛围，给读者造成悬念，让读者从故事结局里，预感到祥林嫂必然有悲惨的经历。

③引导读者了解祥林嫂的死因，更加突出地表现主题思想。

第二步，讨论结果。还可以这样拟题：本文在叙述方式上有什么特点？请结合全文谈谈你的看法。

第七类：思考探究类命题展示、讨论。

展示学生的成果。

问题：祥林嫂这一形象与《孔雀东南飞》里的刘兰芝在性情气质上有不少相似之处，但二人的精神困境是不同的，请简要分析这种相似与不同。

答案：①相似之处：都勤劳能干，淳朴善良；都深受封建家庭的压迫和摧残，不断地作出顽强的抗争；都有着朴素的梦想，却无法掌控自己的命运。

②不同之处：刘兰芝对自己的命运始终有着清醒的认识，有追求自由的精神，其精神困境主要源自封建伦理道德的残害和包办婚姻的束缚；祥林嫂受尽封建礼教和迷信的迫害，却又被摧残到麻木，其精神困境恰恰来自她自觉或不自觉维护的封建礼教和迷信本身。

3.课堂小结

本节课采用这种方式既是对题型的总结复习，也是对学生的检测与考验。希望通过一篇经典文章的研读，学生能进一步熟悉小说阅读常考考点的不同出题方向，认识到审题的重要性，熟练掌握小说阅读各类题型的解题思路与解题方法，做到规范回答小说阅读的各类题型。本节课在展现学生学习成果的同时，也结合学生的答案发现了问题，提出了解决方案，进一步提高了学生的解题能力。

4.布置作业

选取一道高考试题进行练习。

【课例点评】

这节课设计新颖，通过让学生利用经典课文来设题的形式，加深了大家对小说文体命题规律的了解，训练了学生的答题能力，使他们基本掌握了规范答题的要领。教学内容符合二轮复习的特点，在微课学习阶段，教师概括介绍了小说阅读常考的考点及题型，然后结合近几年高考真题（这些文章、题目学生在一轮复习中都看过、做过），展示了各类题型的具体设题体例，为学生进行拟题训练提供了范例。作业设计既有自主学习的安排，也有互动参与，为线上教学做好了准备。线上课堂通过展示学生学习成果，引起他们的关注，也更容易引发学生思考讨论。让学生在互动留言板发言或课堂连麦进行课堂讨论，既增强了师生互动、生生互动，也集中展现大家的智慧，提出达成问题解决的方案。展示学生的成果，也便于学生发现在审题、答题中的问题，增强学习的针对性，更好地矫正答题思路、完善语言组织，帮助大家规范答题，提高学习效率。总之，这是线上翻转课堂教学的有代表性的课例。

二、案例二

学习《春夜宴从弟桃花园序》

安徽省庐江中学　孙家来

【教学目标】

①疏通文意，抓住关键字词理清文章结构，体会文章的短小隽永；

②理解文中"浮生若梦，为欢几何"流露出来的热爱生活、热爱生命的豪情逸兴；

③品味文章简洁凝练、优美典雅的语言，通过仿写名句训练学生运用语言的能力；

④比较阅读同类"宴序"文章，领悟李白飘逸潇洒、豪情纵情的诗意。

【教学重点】

品读结构，体会文章的短小隽永；品味语言，训练学生运用语言的能力。

【教学难点】

通过理解文章，体会文中流露出来的热爱生活、热爱生命的豪情逸兴。

【教学时间】

1课时。

【课前导学】

1.学生对照书本注释并借助工具书通读文字。如有疑问，可小组交流。

2.自由诵读课文。

朗读要求：停顿准确，语句流畅，声音响亮，倾注感情。

作业要求：每人制作一个朗读音频，提交学习小组供交流欣赏。小组推荐优秀作品给教师，用于课堂展示。

3.阅读思考，完成下列预习题。

①理清文章的结构思路。可以用简练的文字表述，也可用结构图表示。

②体会文中所表达的思想情感并能表达自己的看法。

③文章语言典雅，寓意深刻，请选出你喜欢的句子并加以赏析。

为了调动学生自主学习的积极性，检验学生的预习成果，可让学生将答案发在学习群中互相交流。组长将优秀答案及同学姓名发给教师。

【课前准备】

教师根据学生自主学习的反馈，进行教学设计。为了调动学生参与教学的热情，教师将预习表现优秀的学生的成果嵌入课件中，在课堂上展示。

【教学过程】

1.创设情境，引入课文

①呈现画面，播放音乐，引入课题。

②由韩愈对李白诗文的评价，引入课文。

③朗读课文，感知文体特点（播放学生的朗读音频）。

④交代学习内容要点：麻雀虽小肝胆俱全、微躯亦有光辉、浓缩的都是精华，引起学习兴趣。

2.品读文章结构

第一步，品读文章标题。题目点出了时间（春夜）、地点（桃花园）、人物（李白和诸从弟）、事件（聚宴）。看题目就知道文章的基本内容：李白于某个春夜在桃花园宴请各位堂弟所作的序文。

第二步，感知课文，谈谈对文章结构的理解。展示学生的成果（可以展示学生提交的图片，也可事先让学生录制音频，课堂播放），教师评价。

第三步，抓住文章关键词语，分析文章结构。

第四步，通过结构导图，帮助学生进一步理解文章结构特点，指导学生尝试背诵。

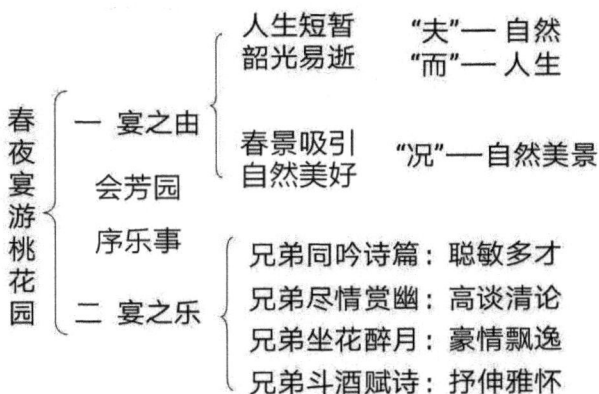

图 5.1 《春夜宴从弟桃花园序》结构导图

3.微躯亦有光辉——品读情感

第一步，文章虽然短小，但情感丰富，你读出了哪些情感呢？

课堂连麦，让学生回答。答案要点：珍惜人生，热爱自然，同享天伦，热爱生活，昂扬向上。

第二步，有人认为《春夜宴从弟桃花园序》中"浮生若梦，为欢几何"表现了作者及时行乐的消极思想。你是怎样看待的？

展示学生的成果（可以展示学生提交的图片，也可事先让学生录制音频，课堂播放），然后教师评价并讲述：

①"浮生若梦，为欢几何"的及时行乐的思想，在封建社会的某些知识分子和达官贵人中是普遍存在的，尤其在仕途不顺、壮志难酬之时表现得就更为明显。

②作者写此句的目的是引出下文对春夜美景的描写，且句中的"欢"字奠定了全文的感情基调，从后文描绘的生机盎然的如画春景中，丝毫看不出作者消极悲观的情绪。

③可以把此句诗理解为作者对人生短暂、韶光易逝的感慨，呼吁世人秉烛夜游，珍惜眼前的美好之景。

▲

4.浓缩的都是精华——品读语言

提问：文章化用了典故，表意丰富，请找出来并分析其作用。

展示学生的成果（可以展示学生提交的图片，也可事先让学生录制音频，课堂播放），然后教师评价并讲述：

①浮生若梦，为欢几何？

用《庄子·刻意》中的典故，表明人生欢乐有限，今晚要尽情欢乐。

②群季俊秀，皆为惠连。

用了南朝文学家谢惠连的典故，目的是赞颂堂弟们聪慧。

③如诗不成，罚依金谷酒数。

用晋代石崇《金谷诗序》的典故，既表痛饮狂欢之意，又表现诸弟"雅"的一面。

全文多处化用典故，既增添了这篇小序的历史、文化内涵，也为读者提供了了解盛唐时期文人生活的宝贵资料。

提问：文章字字珠玑，你能举例并加以评析吗？

展示学生的成果（可以展示学生提交的图片，也可事先让学生录制音频，课堂播放），然后教师评价并讲述：

①赏析"开琼筵以坐花，飞羽觞而醉月"。

学生回答，教师补充强调：

"飞"字淋漓尽致地写出了兄弟们痛饮狂欢的快乐场景。"坐花""醉月"描绘出人们为鲜花、明月所陶醉的情形。运用骈句，铺陈夸张，用笔肆意旷达。

②赏析"况阳春召我以烟景，大块假我以文章"。

首先，寥寥数语就体现了春景的特色。"春"字前着一"阳"字，把春天形象化了，让人仿佛感到春天的温暖，看到春天的多姿多彩。春天地气上升，形成袅袅轻烟弥漫于空气中，给自然景物披上一层轻纱。"景"字前着一"烟"字，展现了春日阳气蒸腾的画面。作者还把天地间的森罗万象称为"文章"，写出了花繁叶茂的景象，给人以文采焕然、赏心悦目的感受。

其次，这两个句子还运用了拟人的手法。那"阳春"是多情的，她用美丽的烟景来召唤我；那"大块"也是有情的，她把绚烂的"文章"献给我。

文章句式多变，或长或短，交错运用，整句居多，虽为散文但兼具诗赋的特色。时人赞曰："清雄奔放，名章俊句，络绎间起。光明洞彻，句句动人。"当矣！

5.课堂小练习

欣赏视频，选择刚学的两个名句各仿写一句话。

①教师提出仿写的要求：第一，句式符合"开琼筵以坐花，飞羽觞而醉月""况阳春召我以烟景，大块假我以文章"这两句特点；第二，内容符合画面情境；第三，注意修辞手法的运用。

②教师做示范开启思路：

a.抚古琴以坐花，传欢歌于繁春。b.繁花召我以秀色，美人唤我以仙音。

学生练习，展示。展示通道：可以通过班级微信群，也可以在钉钉交互面板展示。

6.布置作业

将本文与王羲之的《兰亭集序》加以比较，说说魏晋人与唐人生命观和精神气质的异同。

【课例点评】

这一课例荣获首届"语文报杯"线上优质课一等奖。教师采用线上翻转课堂的教学方式，通过课前的导学，指导学生学会自主学习，解决文言字词等知识性问题，通过设计几个主问题，引导学生有方向地思考，又方便教师及时了解学情，有计划地调整线上教学内容。为了激发学生自主学习的热情，组织学生小组交流，推荐优秀预习成果展示，为线上教学创造了良好的条件，既活跃了课堂气氛，又为同学们的思考提供了方向，促使讨论活动顺利开展。课堂教学设计简洁明了、重点突出，最主要的就是充分运用技术手段，实现线上教学的互动，让学生充分参与线上教学活动，调动学生线上学习的积极性。注重线上教学的可视化特点，运用视频创设情境，为学生仿写训练提供好的素材。总之，这一课为线上教学如何实现互动交流，如何让学生和教师达到同频共振，如何提升线上教学的效果，提供了探索依据。

第六章　高中语文教学研究

笔者所在工作室的成果主要是通过课题研究不断总结出来的。为了让大家了解课题研究的路径和意义，笔者结合自身语文教学研究的过程谈谈课题研究的意义、策略，希望能给大家一些启示。

一、在高中语文教学中进行课题研究的意义

1.理论意义

（1）学习理论知识，提升理论水平

在课题的论证和研究中，为了获得充分的理论支撑，我们必须大量阅读相关的理论书籍，既要阅读专业学科理论的相关书籍，又要阅读教育科学方面理论的相关书籍，在此过程中，我们的专业知识水平不断提升，理论根基不断夯实。在研究中国语言学会"十一五"重点科研课题"创新写作教学研究与实验"的子课题——"'四步'自主探究式作文教学模式研究"时，笔者阅读了刘锡庆教授的《基础写作学》等有关写作学的书籍，对写作的过程及其规律有了新的认识，还阅读了倪文锦教授的《初中语文新课程教学法》、何更生教授的《作文教学心理学》等有关写作教学理论的

书籍，阅读了有关课程标准的解读文章，对写作教学的指导研究有了清晰的理论思路。在研究2010年安徽省教育科学规划课题"高中语文探究性阅读的指导策略研究"时，我阅读了韩雪屏的《阅读学原理》、曾祥芹的《文体阅读法》《阅读技法系统》等，还阅读了蔡澄清的《蔡澄清中学语文点拨教学法》等。任何一项课题研究都会涉及很多方面的知识和理论，研究的过程就是学习的过程。在研究过程中，我们的视野会不断开阔，理论水平会得以提升。

（2）解决现实问题，提高教学能力

我们开展"'四步'自主探究式作文教学模式研究"课题是缘于对当前写作教学指导方式的不满意。我们常用的写作指导模式为"命题—指导—批改—讲评"，这种指导模式下的写作过程基本上是教师一手操办，学生除了动笔写以外很少有机会参与其他的过程。而写作学习的主体是学生，如果学生不参与写作的过程，不了解写作过程的规律，即便写出了文章也可能是应付之作，对提高写作水平基本毫无益处。为了解决这一问题，笔者结合自己的写作实践，通过学习相关理论，并经过反复实践，总结出了确定目标，自主发现（学生围绕题目或写作要求，自主观察，阅读搜集素材）—合作交流，自主感悟（遴选材料，酝酿情感）—课堂探究，自主习作（掌握写作规则，在规则指导下写作）—自主评改，合作分享的写作训练模式。在课题研究的过程中，笔者自身的教学设计能力、教学组织能力、教学评价能力、教学研究能力都得到极大提高。

再如，在研究2014年安徽省教育科学规划专项课题"'翻转课堂'运用于高中语文教学的案例研究"中，笔者与工作室成员学会了使用微课的录制工具，学会了搭建师生互动交流平台，信息技术的运用能力得到很快提升。

（3）总结提炼成果，形成教学思想

课题研究会激发我们不断创新，当我们从很多大胆的尝试中总结正确的做法后，就会不断地形成成果。我们在开展"'四步'自主探究式作文教学模式研究"课题时，相继发表了《"四步"自主探究式作文教学模式的初探》（《中学语文》2011年第3期），《运用新的学习方式 提高学生作文能力》（《语文教学之友》2011年第2期），《展示自主学习成果 增强学生作文兴趣》（《学语文》2011年第2期），《作文教学中唤醒学生创新精神的策略》（《中学课程辅导（教师通讯）》2013年第1期）等；在开展安徽省教育科学规划课题"高中语文探究性阅读的指导策略研究"过程中，发表了《头脑风暴法在文言文教学中的运用》（《语文教学与研究》2013年第7期），《发掘文本教学价值指导探究阅读策略——〈别了，不列颠尼亚〉教学设计》（《学语文》2015年第1期），《语文探究性阅读教学应具兼容性》（《中学课程辅导（教师通讯）》2011年第7期）；在开展教育部"十二五"重点课题子课题"高中写作教学中'少教多学'的策略与方法研究"时，发表了《拓展写作指导时空 在写作教学中实现"少教多学"》（《国家教师科研专项基金科研成果（语文建设卷2）》2013年），《"读写结合"的有效策略》（《中学课程辅导（教师通讯）》2014年第19期），《写作教学"少教多学"的指导路径》（《中学语文教学参考》2017年第25期）。

通过研究笔者发现，新课程改革中所提出的学习方式的改变，不仅需要我们转变思想观念，更要教育者科学引导，还要以现代教育技术来做支撑。

（4）促进团体进步，提高团队效率

在笔者主持的五项课题中先后有四十多位教师参与。在研究过程中，他们的教学观念逐步地发生转变，教学方法不断革新，教学设计能力、课堂教学技巧不断提升。在教育部的子课题一项研究中就有九十三篇论文获奖。十多名教师先后评上了高级职称，有四位教师走上了学校的中层领导岗位。教研组先后被评为县市先进教研组，其理论成果也为学校申报合肥市教育科研基地学校做出了贡献。

（5）促进学生发展，产生良好效应

课题研究的实施带来学生学习方式的转变，在写作学习中学生拥有自主命题的机会、自主作文的时间空间和自主评改的自由，主体性、主动性得到充分发挥，绝大部分学生对写作的兴趣更加浓厚。在阅读教学中，学生发现问题的能力不断增强，掌握了解决问题的方法，培养了良好的思维品质，激发了阅读的兴趣，提高了阅读的能力，激发了他们对母语的热爱，也提高了自身的语文水平。学生的发展，赢得了家长、学校领导的好评，他们的自我效能感也不断增强。

2.现实意义

（1）教师专业发展的必备条件或重要选项

无论是职称评定，还是各类人才申报对此都有要求。这里列举几个文件，大家可一探究竟。《安徽省中小学教师专业技术资格标准条件》在"业绩条件"部分，对各职级都有要求，在正高级、高级和一级教师中分别做如下要求：主持并完成省级以上教育教学研究、电化教育研究或课程改革实验课题1项，主持并完成由市级以上教育部门立项的教育教学研究、电化教育研究、课程改革实验课题1项，参加市级（乡村教师为县级）以上教育部门正式立项的教育研究课题并结题。《安徽省特级教师评审标准》在"教研科研方面"要求"主持并完成省级以上教育教学研究，电化教育研究或课程改革实验课题1项"。《合肥市骨干教师（学科带头人）评选条件》中要求"担任已结题的市级、省级及以上课题的负责人"。《关于开展第九批合肥市专业技术拔尖人才申报工作的通知》中教育类人才的申报条件是"在教育教学方面，要是获得国家教学成果奖或省教学成果二等奖以上奖励的主要完成人"。

（2）提升理论水平

提升理论水平并形成教学成果是教师专业发展的必备条件，很多教师为此而苦恼，总是觉得没有什么内容可写。实际上，一线教师的论文大多是教育教学经验的论文，就是从成功的教学实践中悟出一定的道理，形成一定的认识和观点，将其提炼上升到理论的高度并总结形成文字。课题研究给了我们丰富的实践经验，而且课题研究的内容一般具有新颖性和前瞻性，围绕课题研究更容易形成有质量的成果，更有利于发表论文。如前文所述，笔者的很多论文都是在课题研究过程中形成并发表的。

（3）形成教学成果

通过课题研究，我们积累了实践经验，将其整理形成文字，一方面可以参加各级教研部门组织的论文评选活动；另一方面，通过向报纸杂志投稿，将文章发表形成成果。课题结题后，可参与国家、省市组织的教学成果评选。同时，也能让我们获得一定的经济收益，现在各地都很重视教育课题研究，在课题申报、结题和成果评选中都会给予一定的经济奖励。课题研究可以说"名利双收"，能更好地促进我们的专业发展。

二、在高中语文教学中进行课题研究的策略

1.要有一个好的选题

（1）找准微小入口，走进美丽桃花源（小）

笔者主持的第一个课题是在庐江县教研室莫家泉老师推荐下开始的。总课题是全国中国语言学会"十一五"重点课题"创新写作的策略研究"。面对这样一个大的课题，笔者能研究什么呢？结合当时的粗浅认识，笔者试图从改变作文指导方式的角度来研究，于是申报了一个子课题——"'四步'自主探究式作文教学模式研究"，获得了总课题组的审批通过。随着研究的深入，笔者渐渐地发现这样的小课题里包含着很多大问题。例如在写作教学中如何引导学生关注并参与写作过程，在写作教学中如何运用新的学习方式，如何让学生学会自主评改，如何让学生获取写作规则，如何呈现写作教学中的例子，什么样的例子才是有效的，等等。小课题引领着笔者走进了大世界，走进一片神奇的桃花源。这样的研究让人如痴如醉，欲罢不能。正是这个课题奠定了笔者的研究基础，也让笔者拥有了丰硕的成果，在2012年安徽省教学成果评选中荣获二等奖。

（2）发挥专业特长，开辟一片小天地（实）

即使是有价值的课题，如果自己不能胜任，研究也会落空。因此，课题的选择必须充分考虑主客观条件，分析课题在实际研究过程中的可行性。从主观方面看，自己是否具备课题研究必需的知识水平，自己的经验、精力以及兴趣等能否满足研究的需求？从客观方面看，资料准备是否充分？一般来说，每个教师都有一定的专业特长，有的有深厚的文学知识储备，有的有丰富的写作经验，有的有语言学、语用学的功底，有的有教学论方面的研究成果，我们可从自己熟悉的领域进行课题研究，在这一领域中形成自己独到的见解。笔者申报的省级课题"高中语文探究性阅读的指导策略研究"就是在自己的硕士论文《初中语文阅读课程中探究性学习的指导原则与策略研究》的基础上提出的，虽然研究的主客体对象都发生了变化，但笔者搜集的大量资料仍可借鉴，研究的方法仍适用，这样就保证了课题的有效进行，并更好地服务于教学实践。

（3）瞄准前沿领域，涉足未知新世界（新）

做课题研究有时还要有探究新事物的兴趣，要有与时俱进的意识。一次偶然的机会，我在相关杂志上看到了"翻转课堂"这一新的教学方式，很是好奇，觉得将其引入语文教学肯定能提高教学效率。于是经过一番思考、论证，我在2014年10月成功地申报安徽省教育科学规划专项课题"'翻转课堂'运用于高中语文教学的案例研究"。这项课题在研究中遇到了极大的挑战，一是微课的录制工具和技术，二是师生互动交流平台的搭建。面对挑战，工作室的各位教师发扬攻坚克难的精神，顺利解决了难题，这保证了课题研究得以深入开展，终于于2017年11月通过了专家鉴定。作为中小学教师，要有一双善于发现有价值问题的眼睛，其前提之一是教师要对自己所从事的教育教学工作有较为深入的了解，并保持时刻的关注；更要有钻研的精神和研究的热情，要积极接纳新事物并迎接新技术带来的挑战，这样才能不断走进新世界。

（4）拓展已有研究，攀登理论新台阶（深）

课题研究要有连续性，一项课题的研究往往由于时间的要求或者研究方法的限制，可能会导致研究得不够深入，如果我们发现其有研究价值，可继续进行深入研究。在省级课题"'翻转课堂'运用于高中语文教学的案例研究"结题后，由于当时采用案例研究的方法，研究不够深入，于是笔者又于2018年9月再次申报省级电教课题"基于移动学习终端的高中语文翻转课堂研究"，打算更深入地进行研究，从理论上进行总结提升，以使其有更好的应用价值和推广价值。

对于别人已研究的课题，我们亦可以思考，从中发现有研究价值的要素。

2.要设计一个好的研究方案

怎样确保课题研究有效进行呢？设计一个好的研究方案尤为重要。首先，明确思路。设计研究方案的过程就是整理研究思路的过程，有了方案，课题研究就有了明确、清晰、可行的思路。其次，使课题研究具体化。有了研究方案，再将研究任务、实施步骤清晰化，有助于操作、执行。最后，便于评估。有了研究方案，研究者在研究过程中可以对照方案检查自己的研究工作进展是否按计划执行，是否按期取得阶段性成果。设计方案前，一定要深入论证，构建好研究思路、研究框架，这一框架应该涵盖"为什么研究这个问题""研究什么问题""研究这个问题的哪些方面"及"如何研究这些问题"四个方面。

（1）"为什么研究这个问题"：综述文献，理清意义

研究综述是指在全面掌握、分析某一学术问题（或研究领域）相关文献的基础上，对该学术问题（或研究领域）在一定时期内已有的研究成果、存在的问题进行分析、归纳、整理和评述。

课题申请书之所以要求填写国内外相关研究的文献综述，其用意就在于通过对已有文献的分析，彰显出该研究的意义。

有些教师不知文献综述的意义，只是找来相关的研究成果填写在课题申请书中，从而使文献综述成了材料的堆砌。在综述文献时，常犯的偏误至少有三：一是有文而无选的装饰综述，即对查阅到的文献不作筛选、甄

别，将一些缺乏代表性、权威性的文献罗列其中；二是有综而无述的堆砌综述，即罗列了许多文献，却不对这些文献进行评述，或只陈述某些学者说了什么，至于这些学者对该问题说得怎样、是否有缺陷，则只字不提；三是有述而无信的独断综述，即简单列举一些文献，并主观臆断已有的研究，夸大自己研究的意义。

要想做好文献综述工作，理清研究的意义，至少需把握以下操作要领。

其一，查阅涉及该研究的权威期刊、经典著作、重要人物的观点与论述。其捷径之一是运用逆查法，先找到一两篇经典文章，然后根据其参考文献顺藤摸瓜，进行拓展式阅读。

其二，客观、中肯地评价已有文献，即有一分证据说一分话。

其三，围绕拟研究的问题重构文献。有些教师之所以将文献综述写成有综而无述的堆砌综述，是因为其文献综述思路出现了偏差。课题申请书是对某主题的研究，其题目大多冠名为"××的研究"。但"××的研究"并不是对某主题的阐述与论证，而是对某主题蕴含问题的分析与解决。

因此，文献综述并不是围绕某主题罗列文献，而是要紧扣某主题蕴含的研究问题重构文献，即以拟研究的问题为主线，充分地展示、陈述与该研究问题有关的文献都说了什么，还有哪些问题有待进一步研究和解答。一旦理清了有待进一步研究的问题，那么研究的价值就不言自明了。

（2）"研究什么问题"：界定概念，明确问题

要理清研究问题，则需先界定概念。首先，任何问题皆是关于某种事物或现象的问题，人们若要把握、理解任何一种事物或现象，则需对其进行概念界定。其次，表征事物或现象的概念虽具有约定俗成的含义，但这个概念投射到不同个体的意识中，其效应却不尽相同。

从学理上说，界定概念即下定义，而定义是由主谓语构成的判断，主语是被定义的对象，谓语是被定义对象类属的同类事物或现象，用"什么是什么"来表达，典型的定义方法是"属加种差"。

界定概念，需直面概念表征的事实，让事实显现自身本质；运用分析

思维，彰显概念的多重本质；通过"整体—部分"的解释学循环，丰富概念的内涵；最终廓清概念界定的视域与目的，明晰概念的内涵与外延。

（3）"研究这个问题的哪些方面"：确立目标，细化问题

在明确了研究的问题和理清了研究的意义之后，似乎就可以着手进行研究了，但往往此时的研究问题仍是一个比较抽象、模糊的问题，研究还是难以深入下去，此时需要思考的是这个问题究竟可以分为哪几个方面。因此，确立目标、细化问题就成了撰写课题申请书的重要环节。

对于课题研究的意义、目标和研究内容，我们往往难以区分。研究的意义是指你为什么要做这个研究，研究目标是指具体要达到的目标，研究内容则是与研究目标对应的具体可操作的一个个研究点。研究目标是对研究内容的高度概括，研究内容是通过做许多事情达到研究目标。这里用旅游活动来打个比方，研究的意义就是我们为什么要去旅行，而研究目标则为我们去哪儿旅行，研究内容则是旅行中我们具体要做的事。具体来说，我们要计划安排一次旅行活动，我们可能会出于以下目的考虑：放松心情、驱寒疗养、商务考察、文化考察等，这就是活动的意义，也就是要回答为什么的问题。接下来我们会思考，为了实现这一有意义的活动，我们要去哪里呢？是去北戴河、海南岛，还是西安？我们根据文化考察的要求，会考虑去西安，这就是我们本次旅行的目标。那么接下来我们又会考虑我们将去西安哪些景点呢？兵马俑、骊山华清池、大雁塔还是登华山？到这些地方我们要做哪些事？这就是旅行的具体内容，正如课题研究的内容一样。

意义是我们为什么做，它是指研究的方向性，而目标指向研究的范围，保证研究的可行性和可操作性，内容是研究中具体要解决的问题。

（4）"如何研究这些问题"：参照问题，匹配方法

研究方法本身并没有好坏之分，适合解决问题的方法才是好方法。研究问题不同，选择的研究方法也不同。因此，教师在撰写课题申请书时，应参照问题，匹配方法。

要想走出研究方法的简单列举或无层次罗列等误区，最佳的路径就是

研究某问题时，要有大致的解决问题的思路，这样有利于做到研究问题与研究方法的匹配。比如：调查法是用来解决什么问题的，申请者准备如何解决该问题，就如实地描述与展示出来。因为某一问题的解决总是蕴含着解决该问题的某种方法，而某种方法也总是解决某种问题的方法。

因此，研究方法就是陈述研究问题是如何解决的，它与要研究的问题具有内在的切合性。基于此，在阐述研究方法时，正确的做法是首先对研究内容所涉及的问题归类，然后根据各类问题设计适合的研究方法。如果无法做到如此精细的话，至少也应该对拟解决的关键问题所需要的研究方法作出讨论。如此陈述研究方法，其就不再是摆设，就能真正嵌入研究问题的解决中。

研究方案一般包括以下几方面：课题的界定、研究的目的和意义、研究的主要内容、研究的目标、研究的基础及条件、研究的方法、研究的计划、研究预期成果及表现形式等。

3.要有"为伊消得人憔悴"的执着

课题研究是一项艰苦、复杂的活动，一般要经历以下过程：开题报告—中期总结报告—结题申请及鉴定。在研究中要开展各种形式的活动，以电教课题为例，研究的活动形式一般有：专题培训—教学设计的研讨—课例展示、技术手段的破解—经验总结、论文评选—阶段性成果总结等。我们要有足够的耐心和毅力，才能完成。

有些教师搞教研只凭一时的热情，有的怕困难，申报到的课题也不了了之。笔者在十年间领衔主持了六项课题，对研究工作持续专注，将常规教学工作与课题研究紧密结合，"咬定青山不放松"，不出成果不罢休。

（1）要有热情

如在进行中国语言协会的课题研究时，为了了解总课题组研究的情况，学习他人的研究经验，笔者放弃参加学校组织的旅游活动，冒着炎炎酷暑远赴四川绵阳，参加课题组举办的年会。在年会期间，笔者一场不落地参加活动，积极登台展示。这次年会也让笔者了解了课题研究的基本方法、运作流程。带着满满的收获，笔者带领我校课题组成员真抓实干，实践创新，在总课题组引领下，取得了很多成果，并于2011年7月顺利结题。

（2）要有钉钉子精神

遇到困难不退缩，如在进行"翻转课堂"这一研究中，由于开展跨学科研究，笔者对现代信息技术不够精通，录制微课和搭建平台这两项工作常让笔者感到头疼。笔者用了一个暑假，不断尝试，终于掌握了通过录播软件录制微课的技术以及基于微信平台的翻转课堂模式。

（3）要会科学规划

笔者所在团队基本上都是双课题齐头并进的，这种超常规的研究，就要求笔者必须学会统筹安排，把握研究过程的规律。例如：研究阶段性成果的申报、评比的规律。省级课题的论文评定一般在每年四月份左右，国家级子课题的成果评比一般在每年七月份左右。因此，每年下半年抓省级课题的实践及成果总结，上半年抓子课题的实践及成果总结。

（4）要有时间管理能力

很多教师肯定有疑问，哪有那么多时间来开展课题研究和撰写论文呢？这就要求教师要学会安排自己的时间。笔者白天主要是备课、改作业和处理班级事务，晚间腾出时间搞搞研究，或利用周末时间搭建文章框架，平时补充完善，这样就避免了教学与教研在时间上的冲突，做到和学生共进，教学与科研同飞。

三、课题研究中需要注意的问题

1.处理教学与教研的关系

一线教师的教育课题研究不同于专业研究人员的研究，其目的在于推动实践。具体说来，它意在帮助教师省察自己所掌握的教育理论与日复一日的教育实践的联系。教师不是某种理论的产出者，而是一个不间断的学习者，通过对自己教育教学行为的直接或间接的观察和反思不断地加深对实践的理解，并在这种理解的基础上提高和完善自己以及自己所从事的实践。我们的研究内容就是来自我们的日常教学工作。我们要在教学中通过反思不断地发现问题，提出解决问题的设想和计划，研究解决问题的方法。我们的教学工作也就是研究工作，我们研究的成果也能使我们的教育实践行为不断地加以完善。从这个意义上讲，教学即教研，教研为教学。教学研究提升着我们的研究能力，研究的成果又提升着我们的教学能力。

2.处理个人发展与外部支持的关系

教师追求专业发展，搞教育科研主要依靠个人的努力，但教师不是一个人在战斗，还要赢得各方面的支持。我的两任领导都是特级教师，他们都走过专业发展之路，具有战略眼光，大力支持我们开展课题申报、研究工作，笔者在工作中也勤于向他们反映研究进展、取得的成果。同时，一项课题的展开牵涉很多方面的工作，我们还要团结一支队伍，只有大家齐心协力，我们的课题才能顺利地完成。另外我们要虚心地向专业人士学习，各地的教研员、大学的老师、在课题研究方面有经验的老师，都应该是我们学习的对象。要积极参加各种培训活动，在活动中互相学习、互相启发。

3.处理层级定位与自身发展的关系

近年来在职称评定和人才评选中对课题研究的要求提高，一般都要求评选人是项目主持人，这对教师参与课题研究的积极性有很大影响。这里也有必要提醒大家，课题的申报也是有级别的，现在一般有县区级、市级、省级和国家级四级课题，在申报时可根据自己发展的现实需求去选择级别。能作为课题的主持人申报并主持课题固然好，但能以成员的身份参与研究一样能促进自身的发展。因为在研究过程中，我们能拓宽视野，形成自己的成果，在各级论文评选中能得到认可，我们还可以通过发表论文来帮助自己获得发展。如果我们还不足以去申报高级别的课题，也可以申报高级别课题的子课题进行研究，只要勤于钻研，我们就能取得进步。

课题研究是促进教师专业发展的一条有效途径，它促使我们不断探索并获取新知识、新理论、新技术，促进我们专业能力的全面提升，在这一过程中我们的专业精神提升了，我们也能不断地享受着发展的快乐，走向专业发展的新高度。教师的专业发展永无止境，但只要我们矢志前行终能成功！愿每位教师都能找到适合自己的专业发展途径，愿每位教师都能实现自己的专业理想，愿每位教师都能享受到专业发展带来的快乐！

主要参考文献

1.乔纳森·伯格曼,亚伦·萨姆斯.翻转课堂与混合式教学:互联网+时代,教育变革的最佳解决方案[M].韩成财,译.北京:中国青年出版社,2018.

2.萨尔曼·可汗.翻转课堂的可汗学院:互联时代的教育革命[M].刘婧,译.杭州:浙江人民出版社,2014.

3.张福涛,等.翻转课堂理论研究与实践探索[M].济南:山东友谊出版社,2014.

4.何更生,吴红耘.语文学习与教学设计·中学卷[M].上海:上海教育出版社,2004.

5.何更生.新编语文教学论[M].芜湖:安徽师范大学出版社,2018.

6.胡惠闵,王建军.教师专业发展[M].上海:华东师范大学出版社,2014.

7.马九克.微课视频制作与翻转课堂教学[M].上海:华东师范大学出版社,2016.

8.庞维国.自主学习:学与教的原理和策略[M].上海:华东师范大学出版社,2003.

9.徐世贵,李淑红.做个研究型教师:微课题研究实施指南[M].上海:华东师范大学出版社,2019.

10.张华建."翻转课堂"在高中语文教学中的应用[J].语文天地,2016(34):38-39.

11.张建斌.翻转课堂教学模式在高中语文教学中的应用[J].西部素质教育,2016,2(12):161.

12.赵卫群,陈敏慧.线上教学新认识:从"内容导向"到"学习导向"[J].中小学数字化教学,2020(5):33-37.

主
要
参
考
文
献
▲

附　录

"基于移动学习终端的高中语文翻转课堂研究"的
研究方案

一、本课题国内外研究现状、理论和实践依据、选题意义和研究价值

1. 国内外研究现状

（1）关于"翻转课堂"的研究现状

"翻转课堂"的教学模式源于 2007 年美国科罗拉多州的一个山区学校——林地公园高中。互联网的普及和计算机技术在教育领域的应用，使"翻转课堂式"教学模式变得可行和现实。翻转课堂的方法逐渐在美国流行起来。到了 2011 年，这一教学模式真正大热起来，近年来已成为全球最热的教育改革和教育创新话题之一。

这一教学模式在我国一些地方的应用和推广应该是近六七年的事，由华东师范大学慕课中心主办的 C20 慕课中心"翻转课堂"已产生了很大的影响，这一模式也在不同的学科中开始了探索运用。安徽省教科院开展的

"基于微课的翻转课堂项目研究"正在积极推进，并做了一些有效的尝试。

（2）关于"移动学习"的研究现状

移动学习在我国的研究始于2000年，最初只是理论研究和国外移动学习的介绍、引进。2001年12月，教育部高教司发出了关于"移动教育"的理论与实践研究项目的立项通知，我国移动学习的研究开始步入快速发展阶段。

"移动学习"这个词汇最早出现在2004年的《中国远程教育》刊登的《T-learning向我们走来》这篇文章中。移动学习的研究已呈现出逐年递增的趋势，这说明移动学习越来越受到教育界的重视。作为一种全新的富有弹性的学习方式，移动学习已显示出巨大的潜力。起初我国侧重于对移动学习的理论探讨，自从2008年开始，我国教育技术界将移动学习与具体实践相结合，如针对具体的学科，针对特殊的学习群体等。但总的来讲，对理论的研究多于对实践的探索。

2.理论和实践依据

（1）理论依据

第一，翻转课堂理论和移动学习理论。第二，新课程标准。《普通高中语文课程标准（2017年版2020年修订）》在实施建议中明确要求探索信息化背景下教与学方式的转变，"要积极探索基于网络的教学改革，利用具有交互功能的网络学习空间，创设线上线下一体化的'混合式'学习生态，为课堂教学和课外学习服务"。第三，语文学科的教学理论。①加涅的知识分类教学理论。这一理论已被我国学者运用于语文课堂教学，不同的学习结果用不同的教学方法对于翻转课堂有很好的指导意义。②建构主义学习理论。它强调学生的主动学习，这一理论也为翻转课堂教学提供有效指导。

（2）实践依据

随着互联网技术的迅速发展，社会经济的发展，高中生几乎人手一部智能手机。学校教学设备也不断更新，移动学习设备也已配备齐全。我们开展了三年多的"翻转课堂"案例研究，积累了一定的经验。

3.选题意义和研究价值

①通过探索将"翻转课堂"这一当前先进的课堂教学模式运用于高中语文教学，变革传统的课堂教学模式，改变现有的课堂教学方式，实现新课程标准所倡导的目标。

②充分地利用移动学习技术手段，重新构建学习流程，实现学生学习方式的变革，让他们在语文课堂上学会自主学习、合作学习和探究学习。

③构建移动学习终端和翻转课堂教学深度融合的新型语文课堂，发挥家庭手机、学校平板的作用，使翻转课堂教学更加灵活便捷。

④通过此项研究，转变教师的教学观念，提高部分教师的课堂教学能力和运用现代教育技术的能力，增强教育科研意识，培养一支有科研能力的教师队伍。

二、本课题的概念界定、研究目标、研究内容和创新之处

1.概念界定

（1）关于"翻转课堂"

关于翻转课堂的定义，目前有多种版本，比较典型的有以下三种。

第一，较为权威的网络定义是：翻转课堂是一种混合学习形式，学生通常在家通过在线观看视频讲座学习知识内容，而在课堂上通过与教师和同学讨论、解决问题，完成作业。与传统课堂的讲课相比，学生与教师的互动更富个性化，教师对学生的指导更有针对性。

第二，美国新媒体联盟（NMC）《地平线报告：2014年高等教育版》对翻转课堂的定义：指重新调整课堂内外的时间，将学生的学习决定权从教师转移给学生。在这种教学模式下，利用课堂内的宝贵时间，学生能够更主动地、更专注于基于项目（或问题）的学习，与教师共同研究应对本地化或全球化的挑战以及解决其他现实世界面临的问题，从而获得更深层次的理解。

第三，我国学者对翻转课堂的定义：所谓翻转课堂，就是教师创建视频，学生在家中或课外观看视频讲解，回到课堂上师生面对面交流和完成作业的这样一种教学形态。

（2）关于移动学习终端

终端：是指网络与最终用户接触，且用于实现网络应用的各种设备，如台式电脑、传真机等。

移动终端（或者叫移动通信终端）：是指可以移动使用的计算机设备，狭义地讲包括手机、笔记本、平板电脑、POS机等，甚至包括车载电脑。

学习终端：是指网络与最终用户接触，且通过网络进行学习的各种设备。

移动学习：是一种结合移动终端和无线网络传输而形成的，能够在任何时间、任何地点学习的新型学习模式。

移动学习终端：是指针对网络化多媒体教学环境，在无线网络教学环境下辅助学习的智能手机、平板电脑和笔记本电脑等设备。

（3）基于移动学习终端的翻转课堂

指教师创制视频、发送图片或文件等，学生通过移动学习终端观看视频中教师的讲解，阅读图片、文件，并通过平台留言。教师根据学生的反馈制定解决问题的方案，在课堂上与学生共同交流解决问题，从而帮助学生形成技能、达成教学目标。

2.研究目标

第一，探索出语文学科教学中微视频、图片资料和文件的设计方法和原则，以及这些教学资源的运用方法。

第二，探究出基于移动学习终端的翻转课堂背景下学生自主学习的途径和方法。

第三，探索出"翻转课堂"教学模式在高中语文学科的阅读、写作和复习指导课中的运用方法。

第四，探索出翻转课堂教学设计的合理方法以及高中语文课堂教学的操作技巧。

第五，分析翻转课堂与传统课堂的关系，总结翻转课堂的教学规律。

3.研究内容

第一，研究基于移动学习终端高中语文学科的阅读、写作和复习指导课三类课型中的学习资源开发和制作技术。例如：录制每种课型学习的相关微视频，制作图片资料，形成丰富的资源库；探索视频设计中的技术问题等。

第二，研究基于移动学习终端的学习平台运用。例如：学习资源如何呈现于网络上，学生如何反馈信息等。

第三，研究学生运用移动学习终端在学校、家庭学习时自主学习的安排及管理。

第四，研究在"翻转课堂"教学模式下课堂教学活动的组织形式及方法。如学生的活动如何组织，教师在课堂教学中的角色定位以及如何展开指导等。

第五，研在"翻转课堂"教学模式对教师教学能力提出的要求。如微视频内容确定的能力、制作能力、解读文本的能力、课堂组织及应变能力等。

4.创新之处

这一研究有别于以微课为学习内容、以台式机为学习终端的翻转课堂研究，它能让学生更方便、更高效自主学习。师生交互更自由、更快捷，摆脱了传统的时空的限制，探索出"翻转课堂"教学模式在高中语文学科的阅读、写作和复习指导课中的运用方法，顺应新课程标准提出的扩大阅读量、任务群等学习要求，能有效促进语文教学的改革和创新。

三、本课题的研究思路、研究方法、技术路线和实施步骤

1.研究思路

首先搜集整理好理论材料并组织课题组成员进行学习，其次商讨拟定课题的实施方案，确定研究的重点以及进行各自的任务分工，再次尝试选定课文的微视频制作方案以及教学设计，最后付诸课堂教学实践。在实施过程中，边研究、边学习、边总结，以期达到预定的目标。

2.研究方法

①文献资料研究法。搜集相关资料，查阅有关文献，从中加以总结运用。

②行动研究法。通过具体教学实践活动，边研究，边总结。

③案例研究法。通过具体案例的实施、分析，总结出其中的得失和规律。

④实践经验总结法。收集分析和归纳整理出实验中的成功做法和有益经验，并揭示经验的实质，归纳出可资利用和借鉴的规律性素材，为提高课堂教学质量提供指导。

⑤统计法。利用移动学习终端便捷的数据统计和分析，了解学生在课堂上及课外的学习状况。

⑥比较法。比较翻转课堂与传统课堂中师生互动方式的变化。

3.技术路线

①在无线网络环境下，以手机为学生家庭学习的终端，以平板电脑为学生在校学习的终端。

②以微信、晓黑板等为平台，上传学习资料并进行交互学习和评价。

③以录播软件和学校的录播仪来录视频，以常见的图片编辑器、办公软件来建设学习资源库。

4.实施步骤

（1）建立健全课题研究的组织领导机构

成立以校长为领导组组长，分管教学校长为业务指导组组长，教科室主任为指导组成员的学校专项课题领导组，以方便获得学校的政策支持和具体工作的开展。

聘请庐江县教研室主任、高中语文教研员及相关成员为专家组指导成员并协调相关的研究工作。

（2）做好研究的物质和技术准备工作

购置录制微视频的设备，探索发现利于学生课前自主学习的平台，让学生准备好用以自主学习的终端设备等。

（3）做好培训工作

及时掌握相关培训信息，并派出人员认真学习相关理论，了解研究课题在具体实践中的开展情况；开展课题组成员自身的培训工作，从网上搜集整理相关资料开展学习研讨。

（4）将研究工作与学校的教学工作相结合

可将课题研究与备课组建设结合起来，发动更多的教师投入微视频的录制和教学设计的策划中，提高研究的效率。

（5）制订研究进度计划

研究周期为三年（2018年7月—2021年8月），共分三个阶段。

第一阶段：课题研究启动阶段（2018年7月—2018年10月）。主要做好以下几方面工作：

①制定课题总体规划书，研究制定第一阶段具体实施方案，完成相关的准备工作。

②搜集整理移动学习和翻转课堂相关理论，对课题组人员进行理论培训，为课题研究提供理论支撑。

③制作部分视频和教学设计，创建视频和教学资源库，进行初步的研究和探索。

第二阶段：课题展开阶段（2018年10月—2020年9月）。主要做好以下三方面工作。

①制定本阶段的课题具体实施方案，制订教师专业发展规划。

②根据各自的分工制作相应的教学视频和教学设计，充实完善视频和教学设计库，探索学生通过学习终端自主学习的途径和学习策略，进行各种课型的翻转课堂教学研究和探索。

③收集整理研究过程的原始材料，进行阶段性总结与评估，及时提炼研究成果。

第三阶段：课题完善总结阶段（2020年9月—2021年8月）。主要做好以下四方面工作。

①充分利用视频和教学设计库，尝试推广翻转课堂教学模式。

②总结整理课题，分析研究材料，撰写结题研究报告。

③参加各种教学评比活动，发现问题，总结经验，形成成果。

④课题专家组鉴定验收。

四、课题组成员组织、具体分工及预期成果

1. 成员组织

孙家来老师为课题组长，夏朝晖老师为副组长，在校长室的领导下，在教务处、教科室的指导下，课题组展开各项研究工作。课题组由孙家来、夏朝晖、何安乐、邱善余、李用贤、胡海燕、周乘波、马明生、陈会、苏通、刘丽、刘奇云、刘海燕、金月明、徐翠萍、孙艺红、苏通、彭勇、张丽、陶逸群、朱少霞等老师组成。

2. 具体分工

①根据课题组现有成员的结构和实际担任的教学任务情况，我们将课题分为11个子课题，并分别由下列老师承担：

第一类：各类文体教学。

1.1基于移动学习终端的翻转课堂在散文教学中的运用研究（周乘波、孙艺红）

1.2基于移动学习终端的翻转课堂在诗歌教学中的运用研究（胡海燕、李用贤）

1.3基于移动学习终端的翻转课堂在小说教学中的运用研究（刘奇云、徐翠萍）

1.4基于移动学习终端的翻转课堂在实用类文本教学中的运用研究（彭勇）

1.5基于移动学习终端的翻转课堂在论述类文本教学中的运用研究（苏通）

1.6基于移动学习终端的翻转课堂在文言文教学中的运用研究（陈会）

第二类：写作教学。

2.1基于移动学习终端的翻转课堂在记叙文写作教学中的运用研究（马明生）

2.2基于移动学习终端的翻转课堂在议论文写作教学中的运用研究（金月明、邱善余）

2.3基于移动学习终端的翻转课堂在高考写作教学中的运用研究（何安乐、陶逸群）

第三类：高考复习教学。

3.1基于移动学习终端的翻转课堂在高考语言运用复习教学中的运用研究（刘丽、朱少霞）

3.2基于移动学习终端的翻转课堂在高考阅读复习教学中的运用研究（夏朝晖、张丽）

②孙家来老师全面主持课题研究的工作，负责课题方向、进度；夏朝晖老师负责具体业务联系，协调课题组老师的研究工作；苏通老师负责课题研究的资料收集和整理工作；马明生、李用贤老师主要研究基于移动学习终端的翻转课堂视频制作及技术运用。

3.预期成果

第一，形成以下文集：《基于移动学习终端的阅读课程翻转课堂教学案例》（必修篇）、《基于移动学习终端的阅读课程翻转课堂教学案例》（选修篇）、《基于移动学习终端的写作课程翻转课堂教学案例》《基于移动学习终端的复习课程翻转课堂教学案例》。

第二，形成典型的阅读、写作及复习指导课的"基于移动学习终端的高中语文翻转课堂研究"的教学设计和课例。每位参研课题的教师，要录制好所承担的子课题的相关微课，每学期要提交一篇典型的案例，写一篇经验总结或论文。

第三，形成课题的研究报告。由孙家来老师完成。

后 记

　　本书即将付梓，这是安徽省教育科学规划2014年度三项改革专项课题"'翻转课堂'运用于高中语文教学的案例研究"和安徽省2018年教育信息技术研究课题"基于移动学习终端的高中语文翻转课堂研究"的成果总结。它不仅是笔者个人在课题研究过程中的思考，更是两项课题的课题组成员共同智慧的结晶。

　　与"翻转课堂"结缘始于合肥师范学院成立的"安徽省教育科学规划2014年度三项改革专项课题"项目组，在该项目中笔者接触到了翻转课堂研究，并在该项目组的资助和指导下顺利完成了相关研究。第二项课题能顺利开展并结题要得益于县、市两级"名师工程"。笔者有幸分别于2016年底被评为首届"庐江名师"，并担任"庐江名师高中语文孙家来工作室"主持人，于2018年被合肥市教育局聘为"合肥市（教育）名师中学语文孙家来工作室"领衔人。两个工作室不仅为课题研究提供了资金支持，更为研究工作的开展搭建了平台，保证了课题研究顺利开展并最终结题。

　　在两项课题研究期间，课题组的老师积极实践，特别是县、市两个名师工作室的成员们经过培训，学会了微课制作技巧，在课堂教学中大胆运用翻转课堂教学模式组织教学，在多种课型中加以实践、研讨，呈现了许多精彩的课例。大家及时总结经验，发表了相关的研究论文十多篇，为课题顺利结题做了贡献，也为本书的写作提供了借鉴，在此向他们表示感谢。但由于资料收集不够全面，加之成书时间仓促，还有很多优秀课例来不及加工提炼，未能录入本书，在此表示遗憾。

本书不仅是笔者个人的心血，更是导师、同仁、亲友共同努力的结果。笔者要感谢安徽师范大学何更生教授，他不仅是笔者读研时的导师，其教学理论对笔者影响深远，更是笔者开展课题研究和名师工作室工作的指路人，感谢他于百忙中抽出时间为本书写序。还要感谢笔者的夫人冯琳老师，感谢她长期以来对笔者工作的支持，特别是今年，在我母亲、岳母患重病期间，她悉心照顾全家，让笔者能抽出时间专心于书稿写作。最后要感谢安徽师范大学出版社的编辑们对书稿的细心审定和编校出版。

本书能够出版，也得益于庐江中学这所百年老校的文化滋养。庐江中学办学成就辉煌，教风正，学风纯，特别是近几任领导大兴教研之风，教研成果丰硕。笔者欣逢盛世，正赶上学校发展的大好时期，又遇上一支专业能力强、工作热情高的语文教研团队。在庐江中学工作的十多年可以说是笔者教学生涯的黄金岁月。在学校的大力支持下，在语文组教师的积极配合下，笔者承担了多项课题研究，取得了一定的成果，本书就是这些成果中的一部分。正值庐江中学一百二十周年华诞，本书如能为此盛典献礼，则会让笔者倍感欣慰。

教育是一项事业，教学是一门艺术，我们唯有倾注心力，专心致志，才能有所收获，有所进步。本书如能对推动语文教学研究有所帮助，让读者有所收获，则不枉所劳。由于本人水平有限，书中错误在所难免，敬请广大读者批评指正。

孙家来

2023年9月12日

后记 ▲